# Les parents se séparent...

## Pour mieux vivre la crise et aider son enfant

collection
**PARENTS**

# Les parents se séparent...
## Pour mieux vivre la crise et aider son enfant

Richard Cloutier - Lorraine Filion - Harry Timmermans

**Retiré de la
COLLECTION - UQO**

Éditions de l'Hôpital Sainte-Justine

*Centre hospitalier universitaire mère-enfant*

**Données de catalogage avant publication (Canada)**

Cloutier, Richard, 1946-

Les parents se séparent-- : pour mieux vivre la crise et aider son enfant

(Collection Parents)
Comprend des réf. bibliogr.

ISBN 2-922770-12-5

1. Enfants de divorcés - Psychologie. 2. Divorce. 3. Rôle parental partagé (Divorce). 4. Conciliation (Divorce). 5. Séparation chez l'enfant. I. Filion, Lorraine. II. Timmermans, Harry. III. Hôpital Sainte-Justine. IV. Titre. V. Collection.

HQ777.5.C564 2001              155.44              C2001-940354-2

Illustration de la couverture : Philippe Béha
Infographie : Céline Forget

Diffusion-Distribution au Québec : Prologue inc.
en France : Casteilla Diffusion
en Belgique et au Luxembourg : S.A. Vander
en Suisse : Servidis S.A.

Éditions de l'Hôpital Sainte-Justine
3175, chemin de la Côte-Sainte-Catherine
Montréal (Québec) H3T 1C5
Téléphone : (514) 345-4671
Télécopieur : (514) 345-4631

© Hôpital Sainte-Justine 2001
  Tous droits réservés
  ISBN 2-922770-12-5

Dépôt légal : Bibliothèque nationale du Québec, 2001
            Bibliothèque nationale du Canada, 2001

La collection PARENTS bénéficie du soutien du Comité de promotion de la santé et de la Fondation de l'Hôpital Sainte-Justine.

*Le masculin est utilisé pour désigner les deux sexes, sans discrimination, et dans le seul but d'alléger le texte.*

# LES AUTEURS

▼

*Richard Cloutier* est psychologue et professeur à l'École de psychologie de l'Université Laval. Il est membre de l'équipe «Jeunes et familles en transition» et il fait partie du groupe scientifique du Centre jeunesse de Québec - Institut universitaire. Ses champs d'intérêt couvrent l'ajustement de l'enfant après la rupture conjugale, l'évolution des formules de garde après la séparation et le maintien des liens et des rôles parentaux en contexte de transition familiale. Auteur d'ouvrages en psychologie de l'enfant et de l'adolescent, il a reçu, en l'an 2000, le Prix Noël-Mailloux de l'Ordre des psychologues du Québec pour la qualité de ses contributions.

*Lorraine Filion* est travailleuse sociale, chef du Service d'expertise psychosociale et de médiation familiale des Centres jeunesse de Montréal auprès de la Cour supérieure du Québec à Montréal. Elle travaille depuis plus de 25 ans auprès des couples et des familles séparées. De plus, elle anime des groupes d'entraide et de parole qu'elle a mis sur pied pour les enfants de parents séparés et divorcés. Conférencière et auteur de très nombreux articles, elle a reçu en 1999 le Prix de la justice du Québec et, en l'an 2000, le Prix d'excellence de l'Association canadienne des travailleurs sociaux pour le Québec.

*Harry Timmermans* est psychologue, expert et médiateur au Service d'expertise psychosociale et de médiation familiale des Centres jeunesse de Montréal auprès de la Cour supérieure du Québec à Montréal. Il travaille dans le domaine du divorce depuis de nombreuses années, accompagnant et guidant parents et enfants qui vivent le passage difficile de la séparation.

Il anime également des séminaires de coparentalité à l'intention de parents engagés dans une problématique de divorce et il participe à nombre de conférences, de colloques et de congrès relatifs à la séparation parentale.

# TABLE DES MATIÈRES

▼

# Introduction

▼

Nous avons écrit ce livre en pensant à la famille qui vit les difficultés d'une séparation ou d'un divorce et à tous ceux qui composent cette famille, adultes comme enfants. La rupture du couple ne met pas fin à la famille comme telle puisqu'il y a toujours un père, une mère, et un ou des enfants ; mais elle marque le terme d'une forme de famille, justement celle qui est remise en cause par la séparation.

Le conflit que vivent les conjoints et qui les mène à la séparation a déjà été défini comme étant « un type de relation fondée sur l'incompatibilité des attentes mutuelles et la recherche difficile de rapports plus satisfaisants* ». Le défi qui attend les parents en voie de rupture ou déjà séparés consiste à trouver une nouvelle forme à la famille, une forme différente de l'ancienne et qui leur permette de continuer d'être des parents à part entière.

Le présent ouvrage se veut d'abord une source stimulante d'observations et de renseignements. « Mieux comprendre pour mieux agir », voilà l'invitation que nous lançons aux parents qui se séparent ; nous misons sur le fait qu'ils ont tendance à bien réagir quand ils sont bien informés. Il s'agit en quelque sorte de capitaliser sur l'intelligence et sur la capacité des personnes d'instaurer les solutions qui correspondent à leurs difficultés.

---

* Noreau, P. et Gendreau, C. *La médiation familiale : attentes, conditions et prédispositions des conjoints.* Centre de recherche en droit public, Université de Montréal, 2000.

Nous nous sommes réunis, les trois auteurs, avec cette idée de vous livrer ce que nous savons sur ce thème de la famille au moment de la séparation et après. Bien entendu, nous n'avons pas de réponses à toutes les questions. De plus, nous ne traitons pas dans ce livre des situations particulières de violence conjugale, de troubles psychiatriques ou d'abus de tous ordres. Il se peut donc que certaines de vos interrogations demeurent sans réponse. Si tel est le cas, nous vous invitons à consulter les services spécialisés en ce domaine.

Pour notre part, nous avons surtout axé nos réflexions sur le choc de la séparation, sur la transformation de la famille, sur la place de l'enfant lors de la rupture, sur le fait que l'enfant a besoin de ses deux parents et sur la coparentalité. Nous avons recensé également les principales ressources existantes qui sont susceptibles de vous aider.

Nous espérons vous apporter l'information que vous recherchez et qui vous aidera à développer vos propres ressources et vos solutions, à garder espoir et à mieux répondre à vos besoins ainsi qu'à ceux de vos enfants.

Bonne lecture !

# CHAPITRE 1

# LE CHOC PSYCHOLOGIQUE DE LA SÉPARATION

*par Harry Timmermans*

▼

## L'importance de comprendre ce passage difficile qu'est la séparation

Il y a un moment dans notre vie où nous devenons conscients qu'il y aura une séparation ou un divorce. Dès cette prise de conscience, toute une série d'émotions se déclenchent et nous sommes précipités dans un univers inconnu et menaçant. La manière dont nous allons gérer et comprendre cette crise influencera notre quotidien pendant plusieurs années et peut-être même pendant le reste de notre vie. Nous nous préparons des lendemains difficiles si nous ignorons la difficulté du passage qu'est la rupture.

De manière générale, nous savons comment construire une relation affective; nous l'avons appris soit directement de nos parents, soit par la culture qui nous entoure (films, écrits…). Nous savons comment plaire, comment nous présenter sous un jour favorable, comment faire en sorte qu'une certaine séduction entre en jeu et permette la construction d'une relation affective. Cependant, personne ne nous a vraiment enseigné comment déconstruire cette relation affective. Généralement, lorsque cette éventualité se concrétise et s'impose à nous, nous y faisons face sans réfléchir beaucoup. Nous réagissons plutôt par toute une série de réactions impulsives et parfois désordonnées qui peuvent avoir des conséquences difficilement réversibles.

> **Les personnes risquent de se défigurer comme conjoint et conjointe et de ne plus se reconnaître comme parents par la suite.**

Il nous faut regarder de plus près cet événement qu'est la séparation, car nous avons plus tendance à démolir notre relation affective qu'à la déconstruire. La démolition est une action plus rapide et plus satisfaisante à court terme, car elle apporte une sorte de soulagement et semble combler un besoin puissant de défoulement. Toutefois, à moyen terme, cette réaction ne renferme aucune solution véritable et comporte un grand danger. En effet, si les personnes se querellent fort et longtemps, et si la démolition de leur relation affective engendre une situation d'agression mutuelle, elles risquent de se défigurer comme conjoint et conjointe dans ce passage difficile que représente la séparation. Par la suite, les deux protagonistes risquent de ne plus se reconnaître comme parents lorsque la crise sera passée et que la «fonction parent», qui doit survivre au choc, s'imposera du simple fait que les enfants sont encore là et que la vie continue.

Dans un contexte de démolition de la relation affective, il est difficile, voire impossible, de faire confiance à celui ou à celle qu'on a combattu avec tant de hargne. Le risque est alors très grand que ce conflit, normalement limité dans le temps, ne se transforme en crise interminable. Voilà pourquoi il est si important de se comprendre et de comprendre ce qui se passe au cours de la période qui correspond au choc psychologique de la séparation.

## Un choc psychologique

Chacun a l'occasion, au cours de sa vie, de connaître quelques «chocs de vie»: tomber malade, perdre un être cher... Ce sont là des expériences difficiles, qui nous marquent profondément. La séparation ou le divorce, ce moment de rupture pour le couple, constitue un choc psychologique qui peut être assimilé à un véritable choc de vie. Cela en fait d'ailleurs une expérience rare, intense et marquante.

> **Nous sommes généralement animés par le besoin impérieux d'avoir raison.**

Nous ne sommes pas en très bonne forme émotive pendant cette crise de la séparation au cours de laquelle notre structure psychologique prend une couleur particulière. Ainsi, notre capacité d'écoute est généralement très faible et nous contenons mal nos réalités affectives intérieures. De plus, nous sommes généralement animés par le besoin impérieux d'avoir raison, ce qui n'est certes pas favorable à une réflexion raisonnable. Pourquoi avons-nous tant besoin d'avoir raison? Comment expliquer un tel comportement? Les requêtes judiciaires illustrent souvent ce besoin d'avoir raison et cette volonté d'imposer notre point de vue. Nous avons également tendance, pendant la période où se produit la séparation, à conjuguer au présent les expériences du passé; or, la personne qui vit dans le passé ne peut être sensible à ce qui se passe d'important dans le moment présent. Ce dont nous avons vraiment besoin au moment de la séparation, c'est de comprendre ce qui se passe vraiment pendant ce choc psychologique.

## Les émotions difficiles

Il faut faire face à un très grand stress pendant la crise de la séparation. Un auteur réputé, Thomas Holmes, a élaboré une échelle de stress en classant les différents événements de la vie en fonction du stress généré. Les deux premiers événements qui apparaissent sur cette échelle concernent la « vie de couple » : l'événement le plus stressant est la mort du conjoint ou de la conjointe que nous aimons et, le deuxième, la séparation ou le divorce. Si vous trouvez l'expérience de la séparation difficile et stressante, c'est qu'elle l'est réellement ; face à un si grand danger, il ne faut pas demeurer passif.

La situation de stress, dans le contexte particulier de la séparation, est générée par de très nombreux sentiments ou réalités : la tristesse devant le départ de l'autre, la colère face à ce qui arrive et qui n'était pas souhaité, la culpabilité face à l'échec de la relation avec l'autre, l'anxiété provoquée par un avenir devenu synonyme d'insécurité, le sentiment d'être abandonné, d'être rejeté, l'appauvrissement économique, les pertes relationnelles (avec les enfants, la famille élargie, le réseau social, avec soi-même), l'augmentation des responsabilités du parent gardien... On constate que ces nombreuses situations sont génératrices d'un très grand stress. Or, nous sommes capables d'y faire face.

Pour nous en convaincre, supposons un moment que l'ensemble des situations décrites représente 100 points de stress. Il s'agit là d'une réalité qui peut devenir destructrice à moins de trouver des moyens de l'atténuer. Si nous avons quelqu'un à qui parler, nous pouvons réduire d'une dizaine de points les facteurs de stress. Si nous comprenons ce qui nous arrive, nous pouvons soustraire une vingtaine de points. Si nous nous accordons du temps pour absorber cette difficile réalité, pour lire par exemple sur la séparation parentale, nous diminuons encore le nombre de points de stress. Bien sûr, nous n'éliminerons pas complètement ce stress, mais nous pouvons le ramener à un niveau non destructeur. Nous récupérons de cette façon beaucoup d'énergie dont nous avons besoin pour vivre la crise et en ressortir avec des capacités comparables, sinon supérieures, à celles qui étaient les nôtres auparavant.

Il nous faut comprendre que, sous l'effet d'un stress aussi intense, nous avons tendance à avoir un comportement qu'on peut qualifier d'anormal ou de bizarre, à dire des sottises, à nous donner parfois en spectacle, au point où nous ne nous reconnaissons plus et nous ne reconnaissons plus l'autre : c'est la crise. Paradoxalement, pour survivre comme parents pendant cette crise, il faut souvent se pardonner beaucoup d'erreurs et de fautes commises, et résister à la tentation de souligner les écarts de conduite de l'autre. Les requêtes judiciaires montrent assez bien comment, sous l'effet d'un stress intense, il devient facile et même tentant d'exploiter les faiblesses de l'autre pendant ce moment particulièrement pénible.

Nous observons fréquemment que les personnes ont tendance à retenir les mauvais moments de ce passage ou de ce choc pour évaluer les capacités de l'autre au moment où la « fonction parent » est interpellée, les enfants nous rappelant soudainement leur existence. Très nombreux sont ceux qui ne croient plus en la valeur de « l'autre » pour des motifs justement liés à ce moment de stress. Il est souvent très difficile d'évoquer avec un conjoint les bons moments vécus avec l'autre, tellement sont envahissantes les mauvaises images. Pourtant, les personnes ont certainement vécu de bons moments, ont suffisamment cru l'un en l'autre pour fonder une famille, formuler un projet de vie et s'y engager. Ces aspects positifs ne sont certainement pas disparus, mais sont invisibles en ces temps difficiles. On a souvent l'impression que plus rien n'existe, que rien n'a été vrai et qu'il n'y a plus d'avenir.

> **Nous ne donnons généralement pas une image réelle de ce que nous serons lorsque la crise sera terminée.**

Nous ne sommes donc pas en très bonne forme pendant la période de la séparation et nous ne donnons généralement pas une image réelle de ce que nous serons lorsque la crise sera terminée. Nous appelons «crise» ce moment si pénible du choc psychologique de la séparation; nous avons observé que cette crise peut s'étendre sur quelque deux ans, selon le niveau de réflexion de chacun, avant de se résorber. Par conséquent, il faut éviter à tout prix de se juger ou de juger l'autre qui est sous l'emprise de ce stress.

Nous ne pouvons pas parler du choc psychologique de la séparation sans parler de la souffrance. Car de la souffrance, il y en a beaucoup au cours de ce processus. Or, tous autant que nous sommes, nous faisons presque tout pour l'éviter. Personne ne veut vraiment souffrir, même si nous avons à l'égard de la souffrance une attitude paradoxale. Ainsi, lorsque des moments de souffrance physique se présentent, nous recourons immédiatement à des mécanismes de soulagement; par exemple nous prenons des analgésiques. En fait, nous refusons toute souffrance qui n'a pas de sens, comme le fait de souffrir avant de mourir. Par contre, nous acceptons plus facilement des souffrances qui ont un sens. Ainsi, nous allons librement à un rendez-vous chez le dentiste, tout en sachant que nous allons probablement souffrir; dans ce cas, la souffrance a un sens dans la mesure où une dent sera sauvée, sera réparée. C'est ce paradoxe que nous devrons exploiter dans cette «crise» qu'est la période de la séparation.

La souffrance, en cette période difficile de la séparation, se retrouve beaucoup dans le sentiment de rejet qui est si souvent ressenti tant par la personne qui subit la décision que par celle qui la prend. Nous avons longtemps pensé que c'était surtout la personne qui subissait la décision de séparation qui éprouvait le sentiment de rejet, mais de très nombreux témoignages nous ont amenés à croire que ce sentiment était commun aux deux protagonistes. Celui qui prend la décision éprouve aussi ce sentiment de rejet, soit de ne pas avoir été accepté dans son originalité, soit de ne pas avoir été compris dans son «projet de vie».

La période de la séparation peut être vécue comme une «faillite affective». Or, nous sommes très sensibles et très vulnérables dans une pareille situation. De fait, toute «faillite affective» renferme une grande souffrance qui semble ne pas avoir de sens. Si nous n'entreprenons pas alors une action efficace, nous ferons un premier pas vers un état de révolte. Il faut donc trouver un sens à cette souffrance et, pour y arriver, faire une recherche de sens. Cela se fait souvent seul avec soi-même, dans un contexte de réflexion et d'authenticité : nous sommes généralement capables de ces moments d'introspection qui sont normaux, mais difficiles après une dure épreuve. Par ailleurs, il est possible que nous ayons besoin de l'aide d'un ami sincère ou d'une personne spécialisée dans ce domaine ; mais, dans tous les cas, la tâche véritable nous appartient.

---

**«Blâmer l'autre» ne change pas vraiment notre peine.**

---

Au début de notre recherche de sens, nous sommes généralement tentés de regarder l'autre. Il est en effet facile et «libérateur» de blâmer l'autre pour la souffrance de la séparation. Agir ainsi, c'est un peu comme monter sur le premier barreau d'une grande échelle pour contempler l'horizon : il n'y a pas de nouveau par rapport à ce que nous regardions auparavant. Blâmer l'autre ne change pas vraiment notre peine et ne permet pas de « comprendre » ce qui se passe.

À cette étape, nous prenons habituellement conscience qu'il nous est impossible de changer l'autre. Nous avons payé cher pour apprendre cette vérité de base : l'autre ne changera pas parce que nous le voulons, mais seulement s'il le veut. Vouloir changer l'autre constitue une perte de temps et d'énergie considérable, et n'offre aucune solution véritable. Dès lors, nous comprenons que nous devons nous concentrer sur la seule chose sur laquelle nous ayons vraiment du pouvoir, c'est-à-dire sur nous-mêmes. C'est là que doit commencer la recherche de sens.

Il s'agit donc de nous regarder nous-mêmes et de chercher ce qui nous appartient en propre dans cette terrible crise ; car il n'y a pas de situation de séparation ou de divorce où la faute n'appartient qu'à une seule des deux personnes. Il s'agit d'une responsabilité partagée et chacun doit trouver ce qui lui appartient dans cette crise. Personne n'est entièrement responsable du problème, mais tout le monde l'est en partie.

Connaître sa part de responsabilité constitue une démarche difficile, qui se fait souvent seul avec soi-même ; les amis, les parents ou la famille immédiate ont souvent tendance à donner des versions complaisantes, pour soutenir la personne. Or, chacun est vraiment seul dans ces moments de recherche où il devient difficile de se mentir à soi-même. Les vérités de base se manifestent tranquillement et c'est à ce moment-là qu'il faut être fort et lucide pour reconnaître son degré de responsabilité. Ce n'est qu'alors que commence vraiment la « reconstruction » de notre vie, car nous sommes en mesure de comprendre ce qui s'est passé et de savoir que nous n'avons pas souffert pour rien.

> **Nous sommes irrémédiablement condamnés à revivre
> ce que nous n'avons pas compris.**

Quelqu'un peut bien résister à affronter cette étape, ne pas en être capable à un certain moment et cela est compréhensible. Cependant, la vie se chargera de reposer les mêmes questions un peu plus tard; il s'agit donc d'une étape incontournable qu'il faut franchir pour éviter de piétiner et de pleurer indéfiniment sur son sort. Nous sommes irrémédiablement condamnés à revivre ce que nous n'avons pas compris; c'est là une grande leçon. Plusieurs personnes changent de travail, d'amis, de conjoint ou de pays avant de se changer elles-mêmes; pourtant, c'est se changer soi-même qui constitue le plus grand défi.

Ce difficile travail de recherche a pour heureuse conséquence de nous permettre de voir ce que nous n'aurions pas vu autrement. C'est ce que l'on appelle une «prise de conscience», c'est-à-dire un mouvement profond qui ne s'inscrit pas dans la mémoire des personnes, mais dans leur personnalité: nous devenons un être nouveau. Les événements de notre vie que nous inscrivons dans notre personnalité nous changent, modifient notre manière d'être et de penser; ceux que nous classons dans la mémoire, nous les oublions souvent. Malheureusement, il arrive que des personnes inscrivent leur expérience du divorce dans leur mémoire; il y a alors un grand risque que l'expérience se répète.

Une personne peut se rendre compte, par exemple, qu'elle s'est unie à une autre personne parce qu'elle ne pouvait pas vivre seule et qu'elle ne pouvait pas vivre seule parce qu'elle ne pouvait pas vivre avec elle-même. Il s'agit là d'une prise de conscience qui ne peut que promettre des jours meilleurs.

Quelqu'un peut aussi se rendre compte qu'il a des comportements contrôlants ou qu'il gère mal sa colère, qu'il a peu
d'écoute ou qu'il fait passer le travail avant la famille. Ces prises
de conscience sont des moments de croissance importants,
qui donnent un sens à la souffrance et qui ouvrent de nouvelles perspectives d'avenir.

> **L'issue normale de cette crise est un état amélioré.**

Il ne faut jamais oublier que l'issue normale de cette crise
est un état amélioré et que cette amélioration passe nécessairement par une élévation du niveau de conscience de ce que
nous sommes. Après un événement comme la séparation, nous
avons la possibilité de devenir « meilleurs » qu'avant, d'être
plus éveillés à ce qui se passe autour de nous, plus attentifs
aux autres et à soi. Pour y arriver, il faut d'abord accepter de
prendre la part de responsabilité qui nous appartient dans
cette crise. Autrement, une telle situation n'a pas de sens et ne
fait que générer une souffrance inutile.

### Les moments forts de la crise de la séparation

La crise de la séparation comporte deux moments forts :
le premier est le moment où la décision de séparation est
nommée, c'est-à-dire le moment où nous faisons part de notre
décision ou encore le moment où nous apprenons et prenons
conscience que l'autre a vraiment l'intention de nous quitter,
que l'autre veut se séparer. Le second moment arrive quand
il y a cessation de la vie commune, quand le concret s'impose
à nous, quand le départ est fait.

Ce sont deux moments qui créent vraiment une situation
de crise. Il est sans doute important de savoir que les effets de

ce choc psychologique (comme le stress et la souffrance) sont prévisibles et normaux. Bien souvent, c'est aussi à ce moment-là que nous manifestons de la colère ou que nous recevons la colère de l'autre.

> **La fonction première de la colère est de nous libérer du passé.**

La colère est un sentiment qui s'inscrit dans le registre des comportements normaux. Toute personne peut éprouver de la colère, dont la fonction première est de nous libérer du passé. La colère indique qu'un acte de libération est en train de s'opérer et elle a donc un sens; toutefois, si la colère de l'un menace l'intégrité de l'autre, il ne s'agit plus de colère mais de violence, et cette violence ne comporte pas de solution.

Il faut nous poser des questions lorsque la crise s'étire dans le temps, lorsqu'elle n'en finit plus de finir: c'est souvent le prix à payer pour ne pas avoir compris ce qui arrivait et, en pareil cas, la souffrance s'installe de façon durable. Voici des paroles d'enfants, souvent entendues, qui résument bien cette situation: « Ça donne quoi le divorce si papa et maman continuent de se chicaner? » Lorsque nous nous inscrivons dans ce style de crise interminable, et lorsque l'issue normale — c'est-à-dire un état amélioré — ne survient pas, il faut alors faire les choses autrement; en effet, ce que nous avons toujours fait donnera toujours les mêmes résultats insatisfaisants.

Certes, chacun a droit à l'erreur; mais de répéter toujours la même erreur est une insulte à l'intelligence. Lorsque l'horizon est bouché, il faut faire appel aux autres, aux amis ou aux professionnels qui, bien intentionnés, pourront peut-être nous aider à mettre fin à cette répétition. Nous n'avons jamais entendu personne dire : « Je vais divorcer et vous allez voir, ça va être pire après. » Chacun souhaite une amélioration de sa condition après la séparation.

### Le processus de prise de décision

Nous ne pouvons pas clore le chapitre du choc psycho-logique de la séparation sans parler du processus de prise de décision, qui est bien particulier dans ce contexte. Contrairement au temps de la construction de la relation affective, quand les deux personnes semblaient d'accord sur une orientation fondamentale et mutuelle, il y a généralement, au moment de la séparation, une personne qui prend la décision et une autre qui n'est pas d'accord avec cette décision. C'est là que se situe le déséquilibre ainsi que, souvent, l'origine de la crise. Au cours du processus de décision, il est utile de connaître les différences entre les hommes et les femmes. Et des différences, il y en a !

---

**Ce sont les femmes qui voient généralement avant les hommes que l'union n'a plus beaucoup de sens.**

---

Bien sûr, nous ne parlons pas ici des différences physiques. Ce sont surtout les différences psychologiques reliées au do-maine de la séparation ou du divorce qui retiennent notre attention. Il ne s'agit pas ici de dresser un sexe contre l'autre, mais de comprendre de quelle façon les choses se déroulent habituellement.

Dans 80 pour cent des cas, ce sont les femmes qui prennent la décision de se séparer. Ce sont elles qui voient généralement les premières que l'union n'a plus beaucoup de sens, qu'il n'y a plus d'évolution et que le projet du couple ne va nulle part. Elles tentent alors par toutes sortes de moyens de redresser la situation, mais elles ne sont habituellement ni «vues» ni «entendues». Dans ces conditions, elles prennent peu à peu la décision de mettre fin à l'union. Ce processus est difficile, s'étire généralement sur quelques années, et est ponctué de doutes et de culpabilité. Plusieurs questions se posent, par exemple «Est-ce que je peux faire cela aux enfants?» ou «Peut-être y a-t-il autre chose à faire?». Ces questions parsèment un itinéraire qui n'est jamais facile. Ces femmes font part assez ouvertement de leurs réflexions et, en général, elles expriment clairement leur insatisfaction et leur intention de mettre fin à l'union si rien ne change. À cet égard, nous n'oublierons jamais cette confidence d'une femme: «Je lui ai dit, chanté, écrit, pleuré et crié, mais il ne m'a jamais écouté.»

> **Les hommes ne réagissent que lorsque la perte relationnelle est imminente ou réelle, pas avant.**

Dans ce domaine particulier, les hommes ne réagissent que lorsque la perte relationnelle est imminente ou réelle, pas avant. À un certain moment, l'homme réalise que sa compagne va partir et, surpris, il réagit enfin. Généralement, il tente de faire changer la décision. On assiste alors aux classiques propositions de «faire un voyage» ou de «rénover l'appartement»; bref, des projets qui engagent les deux conjoints. Ce type de réaction témoigne du retard des hommes à bien voir la situation. Comme les propositions ne trouvent pas une oreille sympathique, l'homme ne soupçonnant aucunement le cheminement difficile de la prise de décision, la crise s'installe avec toutes les caractéristiques décrites antérieurement. Il y a, bien sûr, des hommes qui prennent la décision de la séparation, mais souvent ils sont déjà avec une autre compagne. Même dans ce cas, la crise s'installe.

> **Ce sont les décisions justes, équitables, comprises
> et acceptées qui résistent le mieux au temps.**

La personne qui prend la décision de la séparation semble plus sereine et plus sûre d'elle que l'autre. Elle semble savoir où elle va, elle a des scénarios alternatifs de vie et nous comprenons maintenant pourquoi, puisque le processus de prise de décision se déroule généralement sur quelques années. La personne qui subit la décision ne sait généralement pas quoi faire, elle est « en retard », elle vit souvent de l'agressivité engendrée par le terrible sentiment de rejet. Ce sont donc des personnes en déséquilibre qui doivent prendre des décisions importantes comme la garde des enfants, la liquidation du patrimoine familial... Souvent ces décisions, prises dans ce moment de crise, ne résistent pas au temps et ce qui a été conclu hier est remis en question dès le lendemain.

L'équilibre nécessaire pour prendre de bonnes décisions se rétablit quand les deux personnes acceptent la situation. Cela n'est pas facile et demande du temps. Il faut créer un contexte positif de résolution de conflits qu'on peut représenter par l'expression « les bonnes personnes au bon endroit et au bon moment ». Les bonnes décisions, celles qui résistent le mieux au temps, sont les décisions justes, équitables, comprises et acceptées. Pour accéder à ce niveau supérieur d'organisation, il faut être conscient de ce qui se passe pendant le choc psychologique de la séparation.

### *La compréhension du choc psychologique de la séparation*

La compréhension du choc psychologique de la séparation nous donne l'énergie et la volonté de réorienter notre vie selon des valeurs compatibles avec une nouvelle forme de famille, meilleure que l'ancienne, qui nous apporte le sentiment si important de rester parent après la séparation. Au sujet de cette réalité coparentale, dont il est abondamment question au chapitre 4, nous invitons les parents qui se séparent à prendre connaissance dès maintenant de la *Charte de la coparentalité*. Il s'agit d'un document que nous avons écrit au fil de ces années pendant lesquelles nous avons observé et accompagné des parents et des enfants dans le cheminement difficile de la séparation. Confidences, intuitions et découvertes, provenant aussi bien des enfants que des parents, constituent l'essentiel de cette charte à laquelle ne manqueront pas de se greffer d'autres principes au fil des ans.

Une charte est une énumération de principes fondamentaux qui doivent agir comme un phare dans la nuit et offrir une orientation salutaire et nécessaire. Au moment de la reconstruction d'une nouvelle relation parentale, nous pensons que ces principes de coparentalité peuvent guider les parents.

### La Charte de la coparentalité

- Chacun considère que l'autre fait de son mieux dans le meilleur intérêt de l'enfant (ce principe met les parents à l'abri de critiques inopportunes au cas où un enfant manifesterait, par exemple, des difficultés de comportement lorsqu'il est avec l'un ou l'autre des parents).

- Chacun considère que l'autre parent est toujours le meilleur gardien possible de l'enfant en cas d'imprévu (il s'agit là vraiment d'un principe de plaisir, tant pour l'enfant que pour le parent).

- Les parents se consultent sur les questions importantes (la santé, l'éducation et l'orientation de leur enfant) ainsi que sur les documents relatifs à ces questions, comme les bulletins scolaires ou les bulletins de santé, auxquels les deux ont accès.

- Les parents se partagent la réalité économique de leur enfant en fonction de leurs moyens respectifs.

- Chacun des parents entretient auprès de l'enfant une image positive de l'autre parent.

- Les parents maintiennent entre eux une communication efficace au sujet de leur enfant, selon des modalités qu'ils jugent à propos.

- L'enfant a la liberté d'exprimer à un parent l'amour qu'il ressent pour l'autre parent.

Les principes de cette Charte sont simples, et pourtant ils contiennent une promesse de vie meilleure pour les parents. Il est évident que les enfants bénéficieront aussi d'une situation nouvelle découlant de la résolution de la crise; pour eux aussi s'ouvrira un monde nouveau et meilleur que l'ancien. Peut-être qu'un jour, lorsque vous regarderez l'histoire de votre vie et que vous percevrez cette séparation comme une étape difficile mais importante pour votre famille, peut-être alors songerez-vous à remercier la personne qui, réalisant que le couple n'allait nulle part, a présenté une solution à l'impasse et permis la réalisation d'un état amélioré dont tous les membres de la famille auront bénéficié. Vous pourrez aussi vous féliciter d'avoir pu et su, avec le temps, vous y adapter.

CHAPITRE 2

# LES TRANSITIONS FAMILIALES

*par Richard Cloutier*

▼

## *Il est normal que la famille se transforme*

Dans le cycle normal de la vie d'une famille, on s'attend à ce que plusieurs changements importants se produisent. Ainsi, à l'arrivée du premier enfant, la vie du couple doit se réajuster aux multiples besoins du bébé: horaire de sommeil, nourriture, hygiène, vêtements, soins de santé, etc. Par la suite, quand l'enfant entre à la garderie ou à la maternelle, il doit lui-même s'adapter au changement de régime, comme ses parents.

La venue d'un deuxième enfant amène d'autres modifications du style de vie des membres de la famille. Il en est ainsi, également, de l'entrée au secondaire de l'adolescent et du départ de l'aîné en appartement. Ce sont là des transitions qui remettent en question les liens et les rôles dans la famille et qui requièrent des ajustements mutuels. Certaines familles vivent facilement ces étapes, d'autres ont plus de mal à reprendre leur équilibre. Mais ce qu'il y a de commun entre toutes ces transitions, c'est qu'elles font partie du scénario normal du cycle d'une vie familiale: elles sont inscrites dans la vie courante et on s'y attend.

En plus de ces étapes normales, l'équilibre familial est parfois remis en cause par d'autres types de transitions, inattendues celles-là. Un décès, une hospitalisation prolongée, le retour d'un parent à la suite d'une longue absence à l'étranger et la séparation des parents constituent des exemples d'expériences déstabilisantes qui dérèglent le fonctionnement familial. Même si un bon nombre de familles vivent ce type d'événements, il n'est pas prévu dans le cycle familial. Et le stress lié à ces situations s'ajoute aux défis que posent les autres exigences de la vie courante. C'est pourquoi ces transitions « hors cycle » posent souvent des défis considérables aux membres de la famille.

La séparation des parents est vécue de façon très différente selon les caractéristiques des acteurs en présence, selon le moment où le changement survient dans leur vie et la façon dont la rupture se fait. Les forces des personnes et la qualité de leur relation, les problèmes auxquels ils font face par ailleurs dans leur vie (école, emploi, finances, consommation, santé, etc.), leur attitude à l'égard de la séparation sont au nombre des zones d'influence de l'ajustement à la transition. L'idée que les personnes se font de ce qui se passe et de ce qui va se passer dans leur famille influence significativement leur adaptation au changement familial.

### Quoi faire pour y voir plus clair ?

- Rassembler de l'information pour mieux comprendre les effets de la séparation des parents sur les enfants et sur les adultes parce que cela aide à prévenir les problèmes, à protéger les ressources et à prendre les meilleures décisions.

- Se faire conseiller par des personnes accréditées afin de prendre les meilleures décisions dans cette période difficile de la vie. Ce n'est pas là un signe de faiblesse, mais bien une marque de compétence que d'aller chercher de l'aide pour aborder l'avenir.

- Se donner du temps, prendre le temps de réfléchir. Souvent, dans le contexte tourmenté d'une séparation, on prend à l'improviste des décisions majeures, ce qui peut affecter la valeur de ces décisions et nuire à tout le monde à long terme.

## Les familles séparées : la situation actuelle

L'histoire retiendra probablement que la deuxième moitié du XX$^e$ siècle a été marquée, dans les pays industrialisés, par des transformations majeures de la famille. Longtemps considérée comme allant de soi, la famille s'est mise à changer d'image, notamment avec l'accès à des moyens contraceptifs qui ont donné aux femmes la maîtrise réelle du nombre d'enfants qu'elles voulaient avoir. En 1998 au Québec, le nombre d'enfants par femme en âge de procréer était en moyenne de 1,48 comparativement à plus de 3,9 en 1959, ce qui correspond à une diminution de moitié. La famille québécoise de 1996 ne comptait que 2,9 membres en moyenne et la proportion de celles qui comptaient 3 enfants et plus était de 16 pour cent[1].

Il y a moins d'enfants et les femmes les ont plus tard dans leur vie. Cette apparition plus tardive des enfants dans la vie des mères n'est pas étrangère à l'engagement d'un plus grand

---

1. CFE. *Le rapport 1999-2000 sur la situation et les besoins des familles et des enfants*. Québec, Conseil de la famille et de l'enfance. Statistique Canada, 1999. Enquête sur la population active.

nombre de femmes dans une carrière qui nécessite des études plus poussées ainsi qu'une grande disponibilité horaire. Il est clair que l'éducation des enfants et la tenue du ménage ne sont plus la seule zone d'activité des mères. Cette évolution rapide du rôle des femmes en dehors de la famille n'a pas été suivie par une redéfinition adéquate des rôles dans la famille: la plus grande partie des tâches ménagères demeure le lot des femmes, de sorte que la notion de «double tâche» est encore très pertinente pour décrire la situation personnelle d'une grande proportion de mères.

Une autre tendance forte réside dans l'augmentation du nombre de familles qui reposent sur une union libre des parents: en 1993-1994 au Québec, 43 pour cent des enfants sont nés de couples vivant en union libre et, si l'on inclut les enfants nés d'une mère seule (qui n'avait pas de conjoint), la moitié des enfants sont nés hors mariage[2].

**Que faut-il retenir de l'évolution récente de la famille?**

• La famille d'aujourd'hui compte moins de membres.

• Les parents ont leurs enfants plus tard dans leur vie.

• Les parents vivant en union libre sont plus nombreux[3].

• Dans la majorité des familles, les deux parents occupent un emploi.

2. MARCIL-GRATTON, N. ET LE BOURDAIS, C. *Garde des enfants, droits de visite et pension alimentaire: résultats tirés de l'Enquête longitudinale nationale sur les enfants et les jeunes* (ELNEJ). Rapport présenté au ministère de la Justice du Canada (rapport no CSR-1999-3F), 1999.

3. En prenant l'ensemble des familles et non pas seulement celles qui ont eu un enfant en 1993-1994, l'Institut de la Statistique du Québec rapporte que les couples en union libre étaient à la base de 24% des familles biparentales en 1996 au Québec.

## Les étapes après la séparation

La séparation parentale n'est plus un phénomène nouveau dans notre société et le suivi des tendances indique qu'il s'agit d'une réalité qui est là pour rester. De nos jours, on ne peut certainement plus considérer comme exceptionnel le fait de vivre dans une famille séparée, mais on ne doit pas perdre de vue, non plus, que trois enfants sur quatre vivent toujours avec leurs deux parents biologiques. Exception faite de certains contextes particuliers, les jeunes issus de familles séparées sont minoritaires dans leur groupe d'âge (voir en annexe « La répartition des familles québécoises selon la structure parentale », page 137).

Le jour où l'enfant apprend que ses parents vont se séparer, ce n'est pas un événement isolé qu'il s'apprête à vivre, mais une série de transitions plus ou moins probables. La figure suivante illustre les différentes étapes que la famille risque de devoir franchir. La séparation des parents sera peut-être suivie d'un divorce en bonne et due forme. Cependant il importe

### Le cycle des réorganisations familiales

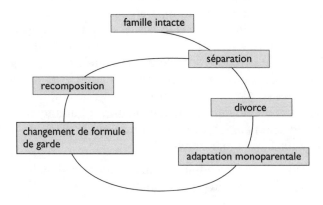

ici de souligner qu'il ne faut pas confondre séparation et divorce. Ce dernier correspond à la mesure légale entérinant la rupture du mariage des parents. Sans que l'on puisse les dénombrer exactement, une bonne proportion de parents vivant en union libre n'officialiseront pas leur rupture, mais ils se sépareront de la même façon qu'ils s'étaient unis : librement. Même les parents mariés ne divorcent pas forcément après leur séparation ; par exemple, certains de ces couples attendent plusieurs années avant de mettre légalement un terme à leur mariage par le divorce et, au moment de le faire, ils voient resurgir des conflits qu'ils croyaient complètement éteints. Pour l'enfant, c'est le départ de l'un de ses parents au moment de la séparation qui a souvent le plus d'impact. Toutefois, dans les cas où le divorce vient plus tard et réanime des problèmes relationnels, cette transition légale pourra porter son propre lot de stress pour l'enfant aussi. Pour toutes ces raisons, il importe de ne pas confondre la séparation et le divorce dans notre compréhension des transitions familiales.

### La famille monoparentale

Certaines familles se recomposent très rapidement tandis que d'autres demeurent monoparentales en permanence. Certains auteurs estiment que la longévité moyenne d'une famille monoparentale est de l'ordre de cinq ans. Il est donc très important de se rendre compte que la famille monoparentale risque fort de se recomposer à un moment donné. Entre-temps, la caractéristique la plus marquante de la famille monoparentale est évidemment le fait qu'un seul adulte en est le chef : un seul parent y assume la plus grande partie des rôles parentaux dans la maisonnée.

Il faut cependant admettre que la monoparentalité n'est pas un phénomène du « tout ou rien », mais consiste plutôt en un continuum qui comporte différents niveaux de contribution du parent non gardien. Sauf exception, les deux parents séparés continuent d'exercer conjointement l'autorité parentale à l'égard de leur enfant (soutien, surveillance, etc.) après la séparation; c'est d'ailleurs ce qui justifie l'obligation du parent non gardien de fournir une pension alimentaire correspondant à ses moyens, mais c'est aussi ce qui justifie le droit des deux parents de réclamer le maintien des contacts avec leur enfant. Bref, la monoparentalité n'implique pas l'exclusion du parent non gardien par rapport à l'enfant et, comme nous le verrons plus loin, le chef d'une famille monoparentale a beaucoup d'avantages à valoriser et à accueillir positivement les contributions de l'autre parent : le grand défi de la famille monoparentale consiste à continuer à satisfaire les besoins de ses membres avec des ressources amoindries.

Les besoins ne diminuent pas alors que les ressources, elles, sont généralement tronquées par le départ de l'un des parents. On estime que les femmes qui se retrouvent seules avec la garde des enfants après la séparation subissent une perte de revenu de l'ordre de 23 pour cent tandis que les pères connaissent une augmentation de l'ordre de 10 pour cent[4]. Pour le parent gardien, cette période de vie en famille monoparentale peut comporter de grands défis, dont celui de porter une charge parentale croissante avec des ressources moindres, ou encore celui d'être toujours « de service » faute de moyens pour prendre du répit. Le stress imposé par ces défis peut être

---

4. GALARNEAU, D. ET STUUROK, J. *Le revenu familial après la séparation*. Ottawa, Statistique Canada. No de catalogue 13-588-5, mars 1997. SIMARD, M. ET BEAUDRY, M. *Conséquences de la séparation conjugale sur les pères, les mères et les enfants, réflexions pour la politique familiale*. Dans R.-B. DANDURAND, P. LEFEBVRE ET J.-P. LAMOUREUX, *Quelle politique familiale à l'aube de l'an 2000?* Paris/Montréal : L'Harmattan, 1998.

considérable et provoquer une détérioration des relations avec les enfants, ce qui ajoute encore au stress des membres et mine le climat familial.

## Les changements de formule de garde

Au fil du temps, il est possible que l'enfant soit amené à changer de lieu de résidence à la suite d'un changement de formule de garde. Pour lui, un tel changement peut avoir plus d'impact encore que la séparation initiale de ses parents. En effet, parmi la forte majorité d'enfants qui sont placés sous la garde de leur mère après la rupture, un bon nombre conservent le même domicile, le même quartier et la même école; la séparation ne change donc pas leur milieu de vie. En revanche, si ultérieurement la formule de garde change, l'enfant doit aller vivre dans un nouveau domicile, peut-être dans un quartier différent, ce qui peut modifier ses habitudes de vie plus encore que la séparation initiale de ses parents. Cela n'est pas étranger au fait que, dans plus de 80 pour cent des cas, les tribunaux accordent la garde à la mère après la rupture.

Il importe toutefois de souligner ici que dans les cas où le père défend son droit de participer à la garde et en démontre ses capacités, par exemple en contestant la formule exclusive ou en réclamant une garde partagée, la probabilité que la mère obtienne une garde exclusive diminue. Certains observateurs estiment par conséquent que si les pères affirmaient de façon plus active leur volonté de s'engager dans la garde de l'enfant, la tendance des tribunaux à accorder la garde exclusive à la mère ne serait pas aussi nette[5].

---

5. TIMMERMANS, H. Service d'expertise et de médiation familiale du Centre jeunesse de Montréal, communication personnelle, 2000.

## La recomposition familiale

Dans l'éventualité relativement probable où le parent gardien s'engage dans une nouvelle relation conjugale après quelques années, de nouveaux membres viennent refondre la cellule familiale. En tant que transition familiale, la recomposition peut prendre plusieurs visages. Pour s'en rendre compte, il est intéressant d'identifier différents arrangements possibles.

Le cas le plus fréquent est celui où la mère gardienne prend un nouveau conjoint qui vient vivre dans la famille comme nouvelle figure parentale. Ce nouveau conjoint a peut-être des enfants sous sa garde qui l'accompagnent dans cette nouvelle famille; ou peut-être cette personne n'a-t-elle pas la garde exclusive de ses enfants et en partage-t-elle la garde avec son ex-conjoint. Cette garde partagée influencera la vie de tous les membres de la nouvelle famille. Il se peut aussi que les deux nouveaux conjoints partagent la garde de leurs enfants nés de leurs unions antérieures, ce qui augmente la complexité du fonctionnement de la famille recomposée. Dans un autre scénario, c'est le père gardien qui invite une nouvelle conjointe dans sa famille avec la même gamme de possibilités. Ici, le fait que le nouveau parent soit une « nouvelle mère » plutôt qu'un nouveau père, influence de façon différente l'ensemble de la dynamique familiale. Plus de 65 pour cent des enfants ayant vécu la séparation de leurs parents connaîtront la recomposition de leur famille et, parmi eux, environ le quart vivront une nouvelle séparation[6].

6. MARCIL-GRATTON, N. Grandir avec maman et papa? Les trajectoires familiales complexes des enfants canadiens. Statistique Canada. no de catalogue 89-566-XIF, août, 1998.

**Que faut-il retenir sur ce qui vient après la séparation?**

- Après la séparation, il ne faut pas s'attendre à ce que ce soit fini; d'autres transitions suivront et c'est normal.

- Chaque étape qui suit la séparation exige une nouvelle adaptation de la part de tous les membres.

- Le grand défi de la famille monoparentale consiste à continuer à satisfaire les besoins de ses membres avec des ressources amoindries.

- La personne qui est chef de famille monoparentale a intérêt à valoriser les contributions de l'autre parent dans le soutien de l'enfant, même les petites contributions. Cela comporte des avantages pour l'enfant et pour le parent.

- Au fil du temps, il est possible que l'enfant soit amené à changer de lieu de résidence à la suite d'un changement de formule de garde. Un tel changement peut avoir encore plus d'impact sur l'enfant que la séparation initiale de ses parents.

- On estime que la durée de vie d'une famille monoparentale est de l'ordre de cinq ans en moyenne, de sorte que la majorité d'entre elles finissent par se recomposer. Il faut donc s'y attendre.

## *Les formules de garde de l'enfant*

C'est parce qu'on est parent pour la vie, c'est-à-dire que la mère de l'enfant sera toujours sa mère et que son père sera toujours son père, qu'il n'est pas possible de faire disparaître l'ex-conjoint. Ce dernier peut bien s'éloigner et être absent physiquement, il reste néanmoins une figure significative dans la tête et le cœur de sa fille ou de son fils. Après la séparation, une foule de facteurs jouent sur la communication entre l'enfant et le parent qui n'en a pas la garde, le parent non gardien.

Parce que la garde est plus souvent confiée à la mère, c'est habituellement le père qui devient le parent non gardien. Avec le temps, la relation entre ce père non gardien et ses enfants s'affaiblit souvent. Nous avons observé que, cinq ans après la séparation, environ la moitié des enfants voient leur père non gardien une fois par mois et moins, et qu'environ le quart des enfants ne communiquent plus vraiment avec leur père.

Parmi les facteurs qui contribuent à maintenir la relation entre les enfants et ce père qui n'en a pas la garde, on trouve le maintien de son engagement parental. Or, cet engagement dépend beaucoup de la mère qui a la garde : lorsque celle-ci estime que le père peut s'engager et qu'il veut le faire, celui-ci le fait beaucoup plus souvent[7]. Dans les cas, plus rares, où la mère n'est pas le parent gardien, on observe qu'elle maintient en général des contacts plus étroits : la mère qui n'a pas la garde de ses enfants s'engage davantage auprès d'eux comparativement au père non gardien. La formule de garde des enfants est donc un élément déterminant dans l'évolution de la relation entre parents et enfants au cours des années qui suivent la séparation.

Il existe trois grands types de garde après la séparation, chacun pouvant afficher de nombreuses variantes : la garde exclusive à la mère, la garde exclusive au père, et la garde partagée. Ici, la notion de garde exclusive n'implique pas nécessairement

7. BEAUDRY, M., BEAUDOIN, A., CLOUTIER, R. ET BOISVERT, J.-M. Étude sur les caractéristiques associées au partage des responsabilités parentales à la suite d'une séparation. *Revue Canadienne de Service Social*, 1993; 10 (1), 9-26.

que le parent non gardien ne s'engage pas auprès de l'enfant, mais plutôt que l'enfant réside avec un seul parent et qu'il se trouve en visite lorsqu'il est avec son autre parent. Quant à la notion de garde partagée (aussi appelée « garde conjointe »), elle implique que l'enfant vit tantôt chez sa mère et tantôt chez son père, selon un cycle plus ou moins rapide d'alternance entre les deux résidences.

## La garde à la mère

Nous savons que la garde exclusive à la mère est la formule de garde la plus courante après la séparation. On estime qu'environ quatre enfants sur cinq sont confiés à leur mère après la séparation des parents, que cette garde soit assurée en famille monoparentale ou en famille recomposée. Les données du tableau présenté en annexe sur la répartition des familles québécoises selon la structure (en page 137) nous indiquent que les familles recomposées représentaient 8,6 pour cent du total des familles québécoises en 1995 comparativement à 17,8 pour cent pour les familles monoparentales. Quatre-vingt-deux pour cent de ces dernières avaient une femme comme chef, tandis qu'environ 73 pour cent des enfants de familles recomposées sont nés de la mère.

Pour l'enfant, le fait de continuer à vivre avec sa mère représente un acquis de taille puisque le lien d'attachement à cette figure parentale principale contribue à sécuriser l'enfant, surtout dans le contexte turbulent de la transition. Le manque de ressources constitue le principal problème de la famille monoparentale dirigée par la mère. Même si 70 pour cent des Québécoises de 20 à 44 ans ayant des enfants de moins de 16 ans sont inscrites sur le marché du travail[8], le revenu

---

8. Données de 1997 selon l'Enquête sur la population active, Statistique Canada, 1999.

moyen de celles-ci demeure plus bas que celui des hommes, en raison de l'inégalité du traitement et des conditions d'emploi défavorables aux femmes. Une des caractéristiques dominantes de la famille monoparentale dirigée par une mère est le manque de ressources financières : 60 pour cent d'entre elles vivent sous le seuil de la pauvreté.

Lorsque s'installe le stress imposé par ce manque de moyens, le climat familial en est affecté négativement. Là où la tension des besoins mal comblés perdure et s'ajoute à la surcharge du parent gardien qui ne dispose pas du soutien social requis, les relations se détériorent entre les membres. Le parent a tendance à devenir plus coercitif dans ses rapports avec l'enfant qui, à son tour, peut réagir de façon extériorisée (agressivité, impulsivité, hyperactivité, etc.) ou intériorisée (retrait social, inhibition, symptômes dépressifs, perte d'estime de soi, etc.). En revanche, là où des moyens appropriés sont disponibles pour contrer le manque de ressources en famille mono-parentale, un grand pas est fait, surtout pour l'enfant qui est tributaire de la réponse apportée à ses besoins matériels, psychologiques et sociaux.

La société prend de plus en plus conscience de ce lien entre les ressources familiales et la qualité du développement des membres de la famille, et certaines mesures récentes en témoi-gnent. La perception automatique des pensions alimentaires au Québec est un exemple de mesure destinée à assurer que ce qui est convenu se produise dans la famille séparée. Au Québec toujours, la mise sur pied du réseau de places à 5 $ en garderie est une initiative reconnue par plusieurs pays comme un succès en matière de soutien aux familles ayant de jeunes enfants. On se rend compte de plus en plus clairement que les économies à court terme réalisées en laissant la famille monoparentale se débrouiller seule avec sa surcharge sont

minuscules à comparer aux coûts engendrés par le développement mal soutenu des enfants. Malgré cela, malheureusement,
les mesures destinées à contrer la pauvreté des familles sont
encore inefficaces. Cet échec touche de plein fouet les familles
monoparentales qui représentent 49 pour cent des familles à
faible revenu [9].

## La garde au père

En 1996, au Québec, la garde exclusive au père était la
formule en vigueur dans 18,4 pour cent des familles monoparentales, ce qui représente 2,9 pour cent du total des familles.
Étant donné que les hommes ont tendance à avoir plus de
revenus que les femmes, la famille monoparentale dirigée par
un homme risque moins d'être pauvre que celle dirigée par
une femme. Cependant, ce type de famille étant plus rare, les
données disponibles sur leur réalité sont plus erratiques et
donc moins fiables.

Tout de suite après la séparation, le père est beaucoup
moins souvent choisi pour assurer seul la garde de ses enfants.
La garde au père se présente alors souvent comme un arrangement substitut à la garde à la mère, au moment où celle-ci
n'est plus possible, pour une raison ou pour une autre. Dans
ces cas, il faut noter que ni l'enfant ni le père n'ont choisi de
vivre ensemble et c'est souvent en l'absence d'autres avenues
que cet arrangement familial est adopté.

## La garde partagée

En garde partagée, les deux parents se répartissent le temps
de garde de l'enfant et l'ensemble des responsabilités que

---

9. CFE. Le rapport 1999-2000 sur la situation et les besoins des familles et des
enfants. Québec, Conseil de la famille et de l'enfance, 1999.

comporte le fardeau parental. Pour y arriver, les ex-conjoints doivent maintenir un niveau de communication fonctionnel et un minimum de qualité relationnelle. Cet arrangement a souvent été critiqué parce qu'il impose à l'enfant des déplacements réguliers entre deux domiciles, ce qui entraîne une dose de stress et de discontinuité dans la vie de tous les jours. En revanche, ce mode de garde a l'avantage d'éviter la distanciation relationnelle de l'enfant avec un parent non gardien, de maintenir les deux parents actifs dans leur engagement, avec comme résultante que les parents peuvent offrir à leur enfant une meilleure conservation des ressources matérielles, affectives et sociales. Dans la pratique, on observe que les parents qui optent pour la garde partagée ont tendance à être plus scolarisés et à avoir un revenu plus élevé comparativement aux autres, ce qui place leur enfant dans un environnement socio-économique plus favorable. D'ailleurs, lorsqu'on ne tient pas compte de l'influence du revenu, cela contribue à créer un biais quand vient le temps de comparer l'adaptation de l'enfant selon le mode de garde.

La garde partagée prend plusieurs visages et elle n'implique pas nécessairement une répartition égale, à 50-50, du temps que l'enfant passe avec chacun de ses parents. Les barèmes québécois de fixation de pension alimentaire exigent que le parent assume 40 pour cent du temps de garde pour le considérer comme gardien; en bas de ce seuil, le temps de contact fait partie de la notion de « visite ». Toutefois, dans les travaux scientifiques, on considère que la garde est partagée si chacun des parents assure plus de 28 pour cent du temps total de garde de l'enfant. Pratiquement, cela veut dire plus de deux jours par semaine sur une base régulière et prévisible. Ainsi, le parent qui assure la garde de son enfant à chaque week-end et pendant les vacances est considéré comme partageant la garde de son enfant[10]. Même si ce temps de garde représente moins de la moitié du temps total de garde de l'enfant, lorsqu'il est offert sur une base régulière, il correspond à une part très significative de la vie du parent et de l'enfant.

Quand on évalue l'engagement parental dans la garde, il importe d'être sensible à la dimension qualitative du temps de garde, en plus de la dimension quantitative. Quand un parent accueille son enfant à chaque week-end et pendant les vacances, c'est une grande partie de leur temps de loisirs qu'ils vivent ensemble, ce qui est qualitativement différent du temps de semaine où l'enfant va à l'école, même si les jours de semaine sont « quantitativement » plus importants. Plusieurs conditions sont requises pour que la garde partagée réussisse. Par contre, il y a des exemples de contre-indications au choix de cette formule de garde : des conflits ouverts où l'enfant est utilisé comme messager, ou encore une distance géographique trop grande entre les domiciles des parents.

### Que faut-il retenir sur les formules de garde ?

- Il existe trois grands types de garde après la séparation, chacun pouvant afficher de nombreuses variantes : la garde exclusive à la mère, la garde exclusive au père et la garde partagée.

- Plus de 80 pour cent des familles monoparentales sont dirigées par une femme ; le manque de ressources constitue le principal problème de ces familles.

10. CAREAU, L. ET CLOUTIER, R. La garde de l'enfant après la séparation : profil psychosocial et appréciation des familles vivant trois formules. *Apprentissage et Socialisation*, 1990; 13, 55-66. CLOUTIER, R., ET JACQUES, C. The evolution of residential custody: a longitudinal study. *Journal of divorce and remarriage*, 1997; 28, 17-33.

- Si les pères affirmaient plus clairement leur volonté et leur capacité de participer directement à la garde, la tendance à l'attribution de la garde à la mère diminuerait.

- À elles seules, les familles monoparentales représentent la moitié des familles à faible revenu.

- La garde au père est vécue par 2,9 pour cent de l'ensemble des familles ; elle se présente souvent comme un arrangement substitut à la garde à la mère, au moment où celle-ci n'est plus possible, pour une raison ou pour une autre.

- La garde partagée a souvent été critiquée parce qu'elle impose à l'enfant des déplacements réguliers entre deux domiciles, ce qui entraîne une dose de stress et de discontinuité dans la vie de tous les jours. Les parents qui optent pour la garde partagée ont tendance à être plus scolarisés et à avoir un revenu plus élevé comparativement aux autres formules, ce qui place leurs enfants dans un contexte matériel plus favorable.

- Le maintien d'une relation positive et soutenante avec ses deux parents est un puissant facteur de protection dans le développement de l'enfant. La garde partagée est la formule qui répond le mieux aux aspirations des enfants ; la presque totalité de ceux-ci ne souhaitent pas la séparation de leurs parents et veulent conserver leur relation avec les deux.

## *Le choix de la formule de garde : pourquoi est-ce si souvent la mère qui a la garde ?*

Comment se fait-il qu'après la séparation de leurs parents, la majorité des enfants vivent avec leur mère ? Il est vrai que, dans la plupart des familles biparentales, c'est généralement la mère qui est le parent principal pour l'enfant. C'est elle qui est le plus étroitement en contact avec lui, qui s'occupe plus souvent de répondre à ses besoins, qui est la mieux informée de ce qui lui arrive, etc. Certes, il y a bien des exemples de familles où c'est le père qui s'occupe principalement de l'enfant et il existe aussi de nombreux cas où le père est très actif dans les soins de l'enfant ; mais plus souvent qu'autrement, la mère est le parent principal dans la famille. Quand il faut décider de la garde de l'enfant parce que les parents se séparent, la garde à la mère est souvent perçue comme la formule qui provoque le moins de perturbation pour l'enfant.

Dans les cas, encore trop nombreux, où le père est peu engagé dans les soins à donner à son enfant avant la séparation et où il quitte le domicile familial au moment de la crise de la séparation, la garde ne se discute pas vraiment : les enfants restent tout simplement avec leur mère, « comme avant ». À cette tendance reliée au style de fonctionnement familial immédiat, s'en ajoute une autre appelée « l'hypothèse de l'âge tendre » qui prend racine dans l'histoire de l'évolution humaine.

> Selon l'hypothèse de l'âge tendre, la mère serait naturellement mieux placée pour prendre soin des enfants, surtout des tout-petits.

Depuis des centaines de milliers d'années, chez les mammifères que nous sommes, c'est la femelle et non pas le mâle qui porte les enfants et les allaite après leur naissance. La femme qui porte l'enfant en elle pendant neuf mois entretient avec lui un rapport biologique naturel qui fonde l'attachement mère-enfant. Le père peut s'engager activement dans le projet de grossesse et à l'accouchement, mais il ne porte pas l'enfant. Ce n'est pas lui qui accouche et il ne peut pas donner le sein par la suite. Nous reviendrons plus loin sur la grande importance de l'engagement du père dans les soins pour le développement de l'attachement mutuel mais, force est de constater que même si la moitié du bagage génétique de l'enfant lui vient de son père, le rapport entre la mère et l'enfant comporte des liens biologiques plus manifestes que le rapport entre le père et l'enfant.

L'hypothèse de l'âge tendre repose sur ce constat universel et veut que la mère soit le parent naturellement le mieux placé pour prendre soin des enfants, surtout des tout-petits. C'est à cette perception, qui prévaut dans tous les pays du monde avec plus ou moins d'intensité, que l'on associe la tendance à donner plus facilement la garde à la mère en cas de conflit sur la garde. On découvre cependant plus clairement que la distanciation du père peut comporter un coût psychologique et social élevé pour l'enfant.

### La distanciation du père n'est-elle pas dommageable ?

L'hypothèse de l'âge tendre nous incite à croire que si l'enfant « reste avec sa mère », il vivra moins de discontinuité au moment de la séparation. Selon cette perspective, l'enfant sera moins dérangé si on lui assure la stabilité de sa relation avec son parent principal. Il en va de même pour le lieu de résidence : si l'enfant ne déménage pas, il vivra plus de continuité dans son mode de vie en contexte de séparation. C'est d'ailleurs ce que l'on observe très souvent : l'enfant reste avec sa mère dans la résidence familiale et c'est le père qui s'en va.

Examinons d'un peu plus près la notion de « continuité » à partir de laquelle on justifie souvent le choix de la garde à la mère. Lorsque l'on confie en exclusivité la garde d'un enfant à un seul de ses parents, on lui impose souvent de se distancier de l'autre, généralement de son père. Or, le père représente généralement l'un des deux adultes les plus significatifs pour le jeune, une figure d'identification majeure, en plus d'être la source de la moitié du patrimoine génétique du petit. Sachant qu'après la séparation les contacts avec cette figure paternelle seront diminués sinon coupés, il est difficile de prétendre que la rupture père-enfant n'est pas porteuse d'une discontinuité significative pour l'enfant. Le sens psychologique de cette rupture peut varier en fonction de l'âge, du sexe et de l'histoire relationnelle entre le père et l'enfant, mais elle est toujours porteuse de discontinuité. La question devient alors : « Est-ce que l'on assure plus de continuité à l'enfant en lui conservant son environnement matériel ou en lui assurant le maintien de sa relation avec ses deux figures parentales ? »

### La perspective de l'enfant

On a observé que, dans le contexte stressant de la séparation, les parents avaient tendance à se centrer sur leur perspective à eux, comme individus, et à accorder moins de place à l'enfant qu'ils ne le faisaient auparavant[11]. Ainsi, lors de la séparation, les parents accorderaient moins de place à l'enfant dans les décisions qui le concernent que lorsque sa famille ne faisait

11. BARRY, S. La place de l'enfant dans les transitions familiales. *Apprentissage et Socialisation*, 1988; 13, 27-37. BARRY, S. ET CLOUTIER, R. La place de l'enfant dans les transitions familiales. *Apprentissage et Socialisation*, 1990; 13, 27-37.

pas face à cette réorganisation. On a aussi observé que plus de neuf enfants sur dix ne souhaitaient pas la séparation de leurs parents. Leur premier choix serait que les parents règlent leurs problèmes conjugaux (« cessent de se chicaner ») sans se séparer. Ils souhaitent généralement continuer à vivre avec leurs deux parents. La décision du parent de se séparer contrevient à la position de l'enfant qui veut garder ses deux parents. Dès lors, le parent qui prétend représenter les intérêts de son enfant et qui veut « parler pour lui » est potentiellement en conflit d'intérêt : sa perspective ne va pas dans le sens de celle de l'enfant qu'il prétend représenter. Comment concilier ces perspectives différentes ?

> **Lorsqu'on leur demande ce qu'ils pensent de cette séparation, la majorité des enfants finit par révéler que cela aurait été mieux si les parents avaient réussi à ne plus se chicaner sans se séparer.**

Ainsi donc, dans la très grande majorité des cas, les enfants ne souhaitent pas la séparation de leurs parents. Lorsqu'on leur demande ce qu'ils pensent de cette séparation, plusieurs répondent d'abord que « ça va être mieux comme cela car les parents vont moins se chicaner ». Une fois ce cliché formulé, et que l'on sous-questionne un peu, la majorité finit par révéler que cela aurait été mieux si les parents avaient réussi à ne plus se chicaner sans se séparer. Il est très rare que les enfants souhaitent que leurs parents se séparent ; ce qu'ils veulent généralement, c'est conserver leur famille, quitte à trouver des solutions aux problèmes qu'elle vit. La rupture conjugale est une décision de parents et il est généralement difficile de prétendre que les enfants en sont partie prenante : le projet des parents n'est pas le projet des enfants, et la trajectoire de vie des premiers est bien distincte de celle des seconds. L'avenir de l'enfant est directement affecté par la séparation et cet enfant ne dit pas nécessairement la même chose que l'un ou l'autre de ses parents, sa position dans la vie n'étant pas la leur. C'est pourquoi il faut absolument faire une place au discours spontané de l'enfant dans le processus de séparation.

## L'appréciation des formules de garde

Nous avons comparé les caractéristiques psychosociales des familles séparées en fonction de la formule de garde qu'elles vivent et de leur appréciation de cet arrangement [12].

Les résultats sur l'appréciation des formules de garde ont montré que:

- les parents partageant la garde de leur enfant bénéficient de revenus plus élevés et comptent une proportion moindre de divorces légaux après leur séparation;

- les mères en garde exclusive sont, proportionnellement, moins nombreuses à vivre une recomposition familiale, comparativement à celles qui vivent selon les autres formules;

- les enfants de garde partagée sont plus satisfaits de leur arrangement de vie familiale que ceux des deux autres formules, ce qui semble lié au maintien de la relation fonctionnelle avec les deux parents et aux conditions socio-économiques dans lesquelles ils vivent;

- quelle que soit la formule qu'ils adoptent, c'est surtout en fonction du bien-être de l'enfant que les parents se

12. CAREAU, L. ET CLOUTIER, R. La garde de l'enfant après la séparation: profil psychosocial et appréciation des familles vivant trois formules. *Apprentissage et Socialisation*, 1990; 13, 55-66.

disent satisfaits ou non de leur mode de garde et qu'ils justifient sa valeur («dans le contexte, c'était mieux comme cela pour l'enfant»).

## L'évolution des formules de garde après la séparation

Les résultats d'une étude longitudinale menée à Québec pendant plus de quatre ans auprès de 148 enfants et adolescents de familles séparées et pratiquant l'une ou l'autre des trois formules de garde (voir en annexe «L'évolution des formules de garde après la séparation», page 139) ont montré que:

- les formules de garde exclusives sont moins mobiles dans les premières années après la séparation, comparativement à la garde partagée qui affiche nettement plus de changements;
- au cours des dix années qui suivent la séparation, la majorité des enfants vivent un changement de formule de garde, c'est donc à prévoir;
- les changements vont dans le sens d'une polarisation du temps de garde autour d'un seul parent, surtout la mère;
- dans les changements de garde, on observe que les filles ont tendance à aller vivre avec leur mère tandis que les garçons se répartissent plus également entre leurs deux parents;
- dès l'âge de 18 ans, une proportion élevée de jeunes en garde exclusive à la mère s'en vont vivre en appartement, ce qui n'est pas le cas pour les jeunes vivant une garde partagée.

## En résumé

Les transitions familiales influencent le parcours de vie des membres de la famille et cette influence s'étale dans le temps.

Au moment de la séparation, on est porté à croire que l'arrangement adopté sera permanent. Or, par la suite, on constate
que la famille bouge très souvent, qu'elle continue de se trans-
former en fonction des besoins changeants de ses membres.
Au-delà de ces changements inévitables, les membres restent
toujours en liens de parenté.

CHAPITRE 3
# L'ENFANT AU CŒUR DE LA SÉPARATION

*par Lorraine Filion*

▼

## La période qui précède la séparation

Habituellement, les mois ou les semaines qui précèdent la séparation sont des moments difficiles pour les deux membres du couple en tant que conjoints et parents. Il s'agit, dans les faits, d'un véritable rendez-vous avec le stress, d'un passage obligé vers l'inconnu.

Les périodes d'affrontement, d'évitement ou de silence sont plus nombreuses, ce qui demande beaucoup d'énergie aux adultes afin qu'ils continuent d'accomplir les tâches habituelles reliées à leur emploi et à leur vie familiale ou personnelle.

Quoique ayant pressenti, le plus souvent, que cela n'allait plus entre papa et maman, la majorité des enfants continuent à redouter le divorce et cela crée de l'anxiété chez eux. Lorsque l'enfant entend parler pour la première fois de séparation ou de divorce, il est surpris, triste, en colère et désemparé.

## Quand doit-on informer l'enfant?

Le moment qui convient le mieux pour informer l'enfant de la décision de se séparer, c'est lorsque cette décision est définitive. Un des conjoints peut résister à cette idée, la refuser et même espérer que le divorce n'ait pas lieu, mais si, dans les faits, l'un des conjoints doit quitter la maison, il faut quand même en aviser l'enfant et l'aider à s'y préparer.

Plus l'enfant est jeune, plus l'annonce de la séparation aura intérêt à avoir lieu peu de temps avant le jour du déménagement. En effet, lorsqu'un long moment s'écoule entre l'annonce du départ et le départ lui-même, un mécanisme de refus, voire d'incompréhension naît parfois chez le tout-petit.

### Doit-on dire la vérité à l'enfant?

Les enfants sont moins fragiles et moins surpris par l'annonce de la séparation que les parents le pensent généralement. Il est bon de leur donner des explications générales en évitant les blâmes ou les reproches entre conjoints ou parents. Si vous préférez éviter de dire qui a pris l'initiative de la séparation, il est fort probable qu'ils décoderont ce «non-dit».

Bon nombre d'enfants s'expriment de la façon suivante: «Mes parents m'ont expliqué qu'ils ont pris la décision de se séparer parce qu'ils se chicanent trop et qu'ils ne s'aiment plus, mais je sais que ce n'est pas vrai.» En effet, bien intentionnés, les parents veulent éviter que l'un des deux parents porte seul la responsabilité de cette décision. Malgré cette mise en scène, souvent préparée et orchestrée dans les menus détails, les enfants perçoivent, dans le regard, au ton de la voix, dans les paroles choisies et les silences, que l'un des parents n'est pas l'initiateur de ce projet et est encore amoureux de l'autre. Certains enfants se sentent trahis par ce manque de clarté, d'autres s'associent en silence et en secret à celui qui souhaite une réconciliation, alors que d'autres tentent de découvrir les «vrais» motifs de la séparation.

Quoique cela demande beaucoup de courage et de détermination, il est préférable de dire la vérité à l'enfant. Sachez que même s'il pleure, se met en colère ou feint l'indifférence, il appréciera tôt ou tard votre franchise. Même si cela est difficile et même si vous éprouvez l'un envers l'autre beaucoup d'amertume en tant que conjoint ou parent, il est bon de dire à l'enfant que vous vous êtes déjà aimés. Comme le disait Françoise Dolto, cette célèbre psychanalyste française, l'enfant doit savoir que malgré la peine, la colère et la frustration, ses parents ne regrettent pas sa naissance.

À l'annonce de la séparation, beaucoup d'enfants fondent en larmes et supplient leurs parents d'essayer encore; seulement environ 10 pour cent accueillent cette décision avec soulagement, et ce sont le plus souvent des adolescents. Certains parents peuvent aussi pleurer à cette occasion. Est-ce vraiment dramatique si l'enfant voit pleurer un parent ou ses deux parents? Nous avons rencontré beaucoup d'enfants relatant avec minutie et en détails l'annonce de la séparation. La petite Sophie, 6 ans, racontait ainsi la scène: «C'était un dimanche après-midi, je portais une robe rouge avec des petites fleurs bleues, j'étais assise derrière mon père dans l'auto; on attendait au feu rouge, il pleuvait dehors; ma mère a dit qu'ils allaient divorcer, je voulais pas le croire et j'ai pleuré, ma mère pleurait aussi.»

À en juger par la réaction des nombreux enfants qui nous ont relaté de pareilles scènes, il est beaucoup plus dommageable pour l'enfant de ne pas être informé. Demandons-nous qui est le mieux préparé pour apprendre la nouvelle à l'enfant si ce ne sont ceux qui l'aiment le plus au monde et qui le connaissent le plus: ses parents.

## *Que peut-on faire et dire pour aider l'enfant lors de la séparation?*

Voici quelques suggestions pour aider l'enfant lors de la séparation. Bien sûr, il faut les adapter selon l'âge de l'enfant, les circonstances propres à chaque famille et vos possibilités.

- *Préparer l'enfant*: quelques jours ou quelques semaines à l'avance, lui annoncer les motifs de votre séparation, lui fournir des explications brèves et générales.

- *Le préparer au jour «J» du grand déménagement*, soit de la famille, soit de l'un des parents.

- *Éviter si possible un déménagement* de quartier ou un changement d'école et d'amis.

- *Maintenir les liens et les visites aux grands-parents* maternels, paternels et à la famille élargie (oncles, tantes, cousins, cousines), surtout si ces liens étaient significatifs avant la rupture.

- *Si possible, amener l'enfant visiter à l'avance le nouvel appartement* du parent qui quittera la maison ou celui de la famille.

- *Déterminer*, entre parents ou avec l'aide d'un médiateur ou de toute autre ressource appropriée, *les modalités de contact* avec le parent qui quitte le domicile; le faire même s'il s'agit de contacts provisoires, car cela rassurera l'enfant. Vous pourrez par la suite ajuster ces modalités, selon l'évolution de votre situation.

- *Éviter d'emménager avec un nouveau conjoint ou une nouvelle conjointe le jour de la rupture*, même si cela vous demande de l'abnégation et met à l'épreuve votre patience. Quand vient le moment de faire entrer la ou le nouveau conjoint, préparez l'enfant à cette situation et ne le mettez que graduellement en présence de cette nouvelle personne.

- *Conserver à tout prix des moments pour être seul et d'autres pour être seul avec votre enfant.* La séparation est un grand choc dans la vie de votre enfant. La recomposition familiale rapide est un double choc lorsque l'enfant n'y est pas préparé ; il faut respecter son rythme d'adaptation.

- *Rassurer constamment votre enfant sur votre amour* ; il a besoin d'entendre que papa et maman, même s'ils n'habitent plus ensemble, continuent à l'aimer et à s'occuper de lui.

- *Éviter de parler à votre enfant de vos conflits d'adultes*, de vos rancœurs et de vos insatisfactions face à l'autre parent. Les conflits entre parents doivent être gérés par les parents, ensemble ou à l'aide d'un tiers (médiateur, avocat, etc.). Surtout, n'utilisez pas votre enfant comme messager.

- Laissez votre enfant vivre sa vie d'enfant ; ne lui mettez pas trop de responsabilités sur le dos et évitez à tout prix d'en faire un confident ; un enfant est un enfant. Encouragez-le plutôt à participer à des activités culturelles ou sportives de son âge.

- *Incitez votre enfant à maintenir des contacts réguliers avec l'autre parent;* les jeunes enfants réagissent à toute séparation par de l'angoisse, de la tristesse, de la colère. Ne croyez pas qu'il vaut mieux interrompre les contacts de l'enfant avec l'autre parent ou lui donner le choix d'y aller ou non, car cela ferait porter un lourd fardeau à l'enfant. À moins de circonstances exceptionnelles, qui risqueraient de mettre l'enfant en danger, n'hésitez pas à utiliser votre autorité pour que celui-ci fréquente régulièrement l'autre parent selon les modalités que vous aurez convenues ensemble ou qui auront été fixées par le tribunal. Fermeté et autorité ne veulent pas dire absence de souplesse et de flexibilité. D'autre part, les enfants apprécient que les deux parents respectent certains besoins particuliers qui rendent nécessaires des changements d'horaires. Par exemple, l'enfant participe à une compétition de judo et ne peut se rendre chez son parent durant le week-end déterminé; l'autre parent accepte alors de reporter au week-end suivant le contact avec ce parent.

• *Être à l'écoute de son enfant, tant au plan verbal que non verbal.* Les enfants n'expriment pas toujours ce qu'ils ressentent avec des paroles. Les parents ont donc avantage à décoder les messages, les signes, les symptômes, les changements d'attitudes et d'habitudes, les silences, les retraits autant que les comportements agressifs. N'hésitez pas à inscrire votre enfant à un groupe d'entraide et de soutien pour enfants de parents séparés si une ressource de ce genre existe dans votre quartier (CLSC ou école). Il y rencontrera d'autres enfants et il pourra peut-être profiter de leurs expériences; il pourra aussi discuter en toute quiétude de la situation qu'il vit. De nombreux témoignages d'enfants ayant participé à de tels groupes confirment le besoin d'un lieu « neutre » et confidentiel.

• *Tenter de maintenir ou d'établir une routine*, de même que des règles claires et cohérentes. L'enfant se sent en sécurité lorsqu'il perçoit que ses parents empruntent une direction. Cela ne signifie pas que les deux parents doivent établir nécessairement toutes les mêmes règles en ce qui concerne les heures du coucher, des repas, des loisirs, des devoirs, de l'école, des rencontres avec les amis, etc. On ne saurait exiger des parents divorcés davantage que des parents mariés ou vivant ensemble. L'harmonie complète en ce domaine n'existe pas ou est rarissime. Quoiqu'il en soit, nous avons constaté à de multiples occasions que les enfants font peu de cas des différences et s'y adaptent relativement bien, peut-être mieux que les parents.

## Se garder du temps pour soi

La période de la rupture est faite de bouleversements qui mettent à l'épreuve vos énergies, votre patience et votre disponibilité. Il est donc important de prendre d'abord soin de vous. Ayez en tête, par exemple, la consigne que l'on donne après le décollage d'un avion concernant l'utilisation du masque à oxygène en cas d'urgence : « En tout temps, l'adulte qui accompagne l'enfant doit d'abord mettre son masque et ensuite aider l'enfant à installer le sien. » Lorsqu'un divorce intervient, si vous vous assurez d'avoir au minimum un peu d'oxygène, votre enfant pourra mieux s'en sortir.

Il est donc nécessaire que vous disposiez de périodes de répit et de ressourcement. Selon les personnes, cela peut passer de quelques brefs moments chaque jour à des périodes fixes chaque semaine ou chaque mois, selon l'état et les possibilités de chacun.

N'hésitez pas à faire appel à l'autre parent. Si celui-ci n'est pas disponible, demandez un petit coup de pouce à des amis, à des membres de votre famille, à votre voisinage ou à des services disponibles dans votre entourage.

## Quand est-il préférable de se séparer, de divorcer ?

Plusieurs recherches ont démontré que ni l'âge ni le sexe ne sont des facteurs à considérer lorsqu'il est question de se séparer. Toutefois, les questions primordiales que les parents devraient se poser sont les suivantes :

- Peut-on envisager d'autres solutions ?
- Si oui, lesquelles et à quelles conditions ?
- Si non, et si la séparation est la seule solution dans les circonstances, sommes-nous prêts, comme personnes et

Julie

J'ai pleuré quand
ma mère m'a parlé
de la séparation

Maman

comme parents, à soutenir notre enfant durant cette période de transition ?

Il est rare que les parents prennent à la légère la décision de se séparer ; cela fait tellement mal. La décision intervient souvent après une longue réflexion et plusieurs essais « de vouloir recoller les morceaux ».

Si vous décidez de vous séparer, ne soyez pas surpris de la réaction de votre enfant : celui-ci s'opposera à votre projet. Il faudra entrevoir une période d'adaptation qui oscille en moyenne entre un et trois ans, selon les familles. La première année est reconnue comme étant la plus difficile et elle fait appel à toutes vos ressources de patience, de tolérance et d'ingéniosité.

Après cette période de grands bouleversements, un certain équilibre se met en place et, dans bon nombre de situations, la rupture devient une occasion de croissance. Certains enfants ont trouvé ou retrouvé un père ou une mère après la séparation. Il arrive que la plus grande disponibilité physique ou psychologique de l'un de ses parents ou des deux, de même que l'absence de chicane et le respect mutuel entre les parents soient de beaux cadeaux pour l'enfant.

### L'enfant unique s'en tire-t-il moins bien ?

L'enfant unique est souvent plus exposé aux conflits de ses parents, à leurs pressions et à celles de son milieu, ainsi qu'à la solitude. En effet, la fratrie s'avère souvent d'un grand secours pour soulager et soutenir les enfants entre eux. Toutefois, il ne faut pas oublier que l'enfant unique était seul avant la séparation et habitué à son rôle qui comporte des avantages et des inconvénients. S'il a créé des liens avec la famille élargie (cousins, cousines, oncles, tantes, grands-parents) et avec son réseau social (amis à l'école et à l'extérieur), il trouvera là un grand réconfort au cours des transitions que sa famille va connaître.

Les parents d'un enfant unique devront toutefois être vigilants s'il y a un conflit relatif à la garde. Dans les conflits les plus aigus, l'enfant est déchiré et se sent coincé entre ses deux parents, sachant, pour reprendre l'expression de l'un d'entre eux, qu'il ne peut se « diviser en deux ».

## Est-il normal que l'enfant continue d'espérer la réconciliation de ses parents ?

Ni l'intensité des disputes parentales ni l'absence d'un parent ou même la violence conjugale à laquelle a assisté l'enfant ne justifient, à ses yeux, une séparation.

Les bonnes relations de l'enfant avec ses parents avant la rupture ne diminuent pas sa détresse au moment du divorce ou ses fantaisies de vouloir les réconcilier. Certains parents négligents ou violents pendant la vie commune sont soudain submergés de démonstrations d'affection de la part de l'enfant.

Nous avons rencontré un grand nombre d'enfants qui continuaient d'espérer et de désirer la réconciliation de leurs parents après 2, 3, 4 et même 8 années de séparation. Nous en avons aussi connus qui étaient passés maîtres dans l'organisation de rendez-vous entre les parents (à l'insu de ces derniers bien entendu), dans l'art d'accroître la tension entre les parents ou entre un parent et son nouveau conjoint. Toutes ces manœuvres n'ont pour seul but que de forcer ou d'inciter les parents à reprendre la vie commune.

Certains enfants se « vantent » même d'avoir fait échouer la nouvelle union de l'un des parents, d'avoir tout fait pour que « ça casse ». Quelle n'est pas leur déception par la suite de réaliser que leurs parents ne reviennent pas ensemble, ce qui est le cas habituellement. En effet, il est plutôt exceptionnel, quoique cela puisse arriver, que certains couples reprennent la vie commune ou se remarient après avoir vécu séparément quelques mois ou quelques années.

Ce désir de réconciliation est d'autant plus présent que les parents maintiennent une bonne communication entre eux, qu'ils se fréquentent encore comme parents ou qu'ils font la paix et deviennent des amis après une longue période de discorde.

Cette fantaisie de réconciliation peut demeurer longtemps dans la tête et le cœur de votre enfant. N'empêche que la séparation ou le divorce, bien qu'il s'agisse d'une épreuve, peut aussi avoir des aspects positifs pour vous et pour votre enfant. Gardez confiance et soyez patient, car un certain équilibre s'installera avec le temps.

### Les réactions dominantes de l'enfant

Voici maintenant une synthèse des réactions dominantes de l'enfant lors d'une séparation. Ces réactions varient nécessairement en fonction de l'âge et du stade de développement. Toutefois, on peut dire que, de façon générale, les enfants «subissent» le plus souvent la décision de la rupture, cherchent à réunir leurs parents, se sentent tristes, coupables et demeurent loyaux envers leurs deux parents.

#### L'enfant avant 5 ans

Voici les réactions les plus fréquemment observées chez les enfants de moins de 5 ans:

- tristesse;
- peur de l'abandon (cauchemars à l'occasion et grosse réaction à la moindre séparation, même lorsque le parent laisse une pièce, sans même quitter la maison);

J'etais dans ma
chambre -
Je pleurais

Sarah 8 ans

- régression (se remettre à sucer son pouce, se souiller, réclamer son biberon, parler en «bébé» ou refuser de parler);
- culpabilité (pleurs fréquents, morosité, perte d'entrain, perte d'appétit et de sommeil);
- colère (coups de pieds et de poings, lancement d'objets, morsures ou pincements à d'autres enfants);
- agressivité (comportements d'opposition tels que refus de se mettre au lit, d'obéir, de ranger ses jouets);
- fantaisie de réconciliation présente chez les 4-5 ans. Elle peut s'exprimer directement aux parents avec des supplications, des larmes ou des coups; l'enfant peut aussi tout faire pour être gentil, pensant que cela encouragera les parents à revenir ensemble.

## L'enfant de 5 à 7 ans

Voici les réactions les plus fréquemment observées chez les enfants de 5 à 7 ans:

- tristesse (gros chagrin) face à la séparation;
- peur de l'abandon et de la perte d'amour de ses parents;
- sentiment d'être responsable de la séparation;
- tendance à vouloir remplacer le parent qui est parti (le petit garçon peut avoir tendance à jouer «au père» et la petite fille à jouer «à la mère» dans la maison);
- fantaisie de réconciliation. Certains enfants vont jusqu'à organiser des rendez-vous afin que leurs parents se rencontrent (à l'école, au service de garde, au cinéma, à l'épicerie);
- sentiment de loyauté (très fort vis-à-vis les deux parents);
- colère (surtout contre le parent qui a pris l'initiative de la rupture);

- ennui du parent absent (certains enfants pleurent, se retirent, sont moroses);
- augmentation ou diminution de la capacité de se concentrer et d'accomplir certains travaux scolaires;
- changement, parfois subits, de ses comportements sociaux, à l'école ou avec ses amis.

**L'enfant de 8 à 12 ans**

Voici les réactions les plus fréquemment observées chez les enfants de 8 à 12 ans:

- tristesse;
- sentiment de honte et de gêne face à la séparation;
- colère intense surtout face au parent responsable du divorce ou qui a pris l'initiative de la séparation; certains enfants protestent contre des règles fixées par les parents (heure du coucher, des repas, permissions, tâches à accomplir, etc.);
- négation pour masquer son chagrin;
- faux air d'assurance et de calme. Certains enfants sont maîtres dans l'art du camouflage: ils sont tristes, mais rien n'y paraît;
- augmentation de symptômes somatiques (maux de tête, maux de ventre et d'estomac);
- sentiment de loyauté;
- diminution de la confiance en soi;
- sentiment de culpabilité (pas toujours, mais peut être présent);
- repli sur soi. Certains enfants refusent de participer à leurs activités habituelles, sportives ou culturelles (hockey, ballet, natation, gymnastique ou autre).

## L'adolescent de 14 à 17 ans

Voici les réactions les plus fréquemment observées chez les adolescents de 14 à 17 ans :

- profonde tristesse, pas toujours exprimée;
- colère contre les deux parents ou contre l'un en particulier;
- sentiment d'accablement lié aux responsabilités, surtout s'il y a une fratrie plus jeune;
- sentiment de déchirement lié au conflit des parents;
- embarras face aux comportements parfois immatures de l'un ou des parents;
- l'adolescent devient le confident ou l'allié d'un parent;
- imitation d'un parent dans sa recherche de liberté sexuelle;
- développement de ses propres intérêts et revendication que ces intérêts soient intégrés dans l'organisation des contacts avec le parent non gardien;
- rejet de la résidence alternée, à moins que les parents n'habitent le même quartier; certains adolescents habitués au changement de résidence sont prêts à se déplacer lorsqu'ils se sentent bien dans les deux maisons et que le lien avec chacun des parents est «OK» (selon leur expression), et d'autres préfèrent une alternance aux quinze jours;
- sentiment fréquent de culpabilité et tiraillement entre la demande du parent non gardien, qui veut établir un contact régulier, et le besoin personnel de liberté et de disponibilité pour les amis (conflits d'horaire);
- rejet de l'autorité et du contrôle des nouveaux conjoints.

## En résumé

- Il y a autant de façons de se séparer qu'il y a de familles.

- Il est important de vous préparer et de préparer votre enfant à la séparation.

- Les enfants ont besoin de renseignements, d'attention et d'affection pendant cette période de transition.

- Les enfants réagissent avec tristesse, colère, angoisse et culpabilité; le sentiment de loyauté aux parents est très présent et se retrouve dans tous les groupes d'âge.

- Le désir de réconciliation des parents est présent chez la plupart des jeunes enfants et peut durer longtemps après la rupture; cela se retrouve même chez des enfants plus âgés.

- La régression provisoire et prévisible de l'enfant au moment de la séparation ne doit pas susciter trop d'inquiétude, car elle sera le plus souvent temporaire.

- L'amour et la présence des deux parents dans la vie de l'enfant constituent le meilleur remède pour aider l'enfant à s'adapter.

- Être à l'écoute de son enfant.

- Éviter d'utiliser l'enfant comme messager et confident.

- Prendre soin de soi comme personne et comme parent.

CHAPITRE 4

# LA COPARENTALITÉ

*par Richard Cloutier*

▼

## Coopérer après la rupture?

Jusqu'à quel point les ex-conjoints qui ont des enfants en commun doivent-ils coopérer après leur rupture? N'est-il pas paradoxal de parler d'un lien de collaboration alors que l'on vient de faire le maximum pour s'éloigner l'un de l'autre? N'est-ce pas une condition pour réussir la séparation que de tourner la page définitivement sur l'ex-conjoint?

La coparentalité, c'est la façon dont les parents coopèrent dans l'actualisation de leurs rôles parentaux auprès de leurs enfants. L'entente dans le partage des responsabilités, la synchronisation des fonctions de chaque parent, la qualité de la communication dans le quotidien et lors des prises de décisions, le respect des ententes, les stratégies de contrôle des conflits, voilà autant de dimensions reliées à la relation coparentale.

« La réaction à la séparation est influencée par la qualité des relations dans le mariage avant la rupture, par les circonstances de la rupture et par la façon dont les changements sont vécus. Cela repose sur l'interaction entre les caractéristiques individuelles des parents et des enfants, les relations familiales et les facteurs extra familiaux qui soutiennent ou minent le bien-être des membres de la famille au moment où ils font face aux changements et aux défis qu'amène la transition. Il faut du temps pour s'adapter à la séparation. Au cours de la première année suivant la séparation, surviennent des perturbations notables dans les liens et les rôles familiaux, dans les fonctions parentales et dans l'adaptation des enfants. Deux ou trois ans après la séparation, on retrouve généralement un nouvel équilibre fonctionnel qui s'accompagne d'une amélioration dans les relations parents-enfants et dans l'adaptation des enfants[1]. »

Quand on choisit la séparation comme solution pour réorienter sa vie, il est difficile d'imaginer un avenir dans lequel prend place la personne que l'on quitte. Or, il s'agit là du fondement de la coparentalité, parce qu'on est parent pour la vie.

### La coparentalité, parce que l'enfant ne se sépare pas

Les enfants ont naturellement une forte affiliation à l'égard de leurs deux parents et ils sont généralement prêts à faire beaucoup pour maintenir le lien avec chacun d'eux. De plus,

---

1. Citation tirée de HETHERINGTON, E. M. Should we stay together for the sake of the children?. Dans E. M. Hetherington (Ed.), *Coping with divorce, single parenting and remarriage*. A risk and resiliency perspective. Mahwah, New Jersey, Lawrence Erlbaum, 1999, p. 94. Traduction libre.

en contexte de séparation, si les deux parents maintiennent des contributions matérielles, affectives et sociales auprès de l'enfant, cela devient souvent le moyen le plus puissant pour conserver à l'enfant le maximum de chances dans la vie.

> **La séparation met un terme à la relation conjugale, ce qui veut dire que les liens et les rôles mutuels de conjoints sont abandonnés, mais elle ne met pas fin à la relation parentale.**

Pour bien comprendre la coparentalité, il faut d'abord distinguer la relation conjugale de la relation parentale. La séparation met un terme à la relation conjugale, ce qui veut dire que les liens et les rôles mutuels de conjoints sont abandonnés, mais elle ne met pas fin à la relation parentale : «Mon ex-conjoint continue d'être le père de mon enfant.» Comprendre la coparentalité requiert donc de distinguer, dans l'autre dont on se sépare, le «conjoint» du «parent». Le conjoint n'existe plus comme tel, mais le parent continue d'exister. Lorsque je me sépare de ma conjointe, il m'est impossible de prétendre qu'elle cesse d'être la mère de mon enfant. Lorsque le mari devient l'ex-conjoint, il continue d'être le père. Bref, l'enfant, lui, ne se sépare pas.

Dans les cas où la rupture conjugale emporte la relation parentale avec elle, on peut s'interroger sérieusement sur la place faite à l'enfant dans la transition. Cette dépendance de la parentalité à la conjugalité est reconnue comme un problème dans la famille en transition[2]. L'adulte qui se sépare de son conjoint et qui tient pour acquis que son enfant le suivra

---

2. THÉRY, I. «Évolution des structures familiales : les enjeux culturels du démariage». Communication présentée dans le cadre du colloque *Transitions familiales, conjugalité, parentalité*. Québec, Centre de recherche sur les services communautaires, Université Laval, 1994.

dans cette rupture confond sa propre trajectoire et celle de son enfant. Cet accaparement de l'enfant peut aller jusqu'à l'abus, c'est-à-dire le syndrome d'aliénation parentale, où l'image de l'autre parent est systématiquement et injustement minée par le parent gardien désireux d'avoir l'enfant entièrement « de son bord ». Heureusement, ce type de « détournement » est rare. Il demeure cependant qu'il peut être tentant, pour le parent qui assume la plus grande partie de la garde de l'enfant, d'éviter de faire une place à l'autre parent pour ne pas à avoir à composer avec lui ou avec elle, même si cette exclusion n'est pas favorable à l'enfant. Pour justifier cette tendance, on attribue souvent à cet autre parent une faible motivation à s'engager, de l'incompétence, de l'instabilité, sans beaucoup de validation auprès de lui ou d'elle, et auprès de l'enfant lui-même.

La coparentalité est un phénomène relatif, c'est-à-dire qu'elle peut varier considérablement en quantité et en qualité d'engagement, mais elle requiert toujours de respecter la place de l'autre dans la vie de l'enfant, le respect de ses contributions, si minimes soient-elles. Pour cela, il faut arriver à transcender son point de vue personnel et à intégrer la perspective de l'enfant et de l'autre parent. Certains parents y arrivent, d'autres pas.

### Situation problématique possible

La séparation met fin à la relation conjugale, mais pas à la relation parentale. Le parent qui confond ces deux relations aura certainement plus de mal à accepter que son enfant ait besoin de continuer à voir son autre parent. Pour solutionner ce problème, il faut faire la distinction entre le rôle de conjoint et celui de parent, distinction sans laquelle la coparentalité n'est pas possible après la séparation.

## Le projet de l'enfant n'est pas celui du parent

Les enfants ne choisissent pas la séparation de leurs parents, pas plus d'ailleurs qu'ils ne choisissent leur recomposition. La recherche montre que, pour leur avenir, les désavantages de cette transition peuvent surpasser les avantages. Généralement, les enfants veulent vivre avec leurs deux parents dans une famille qui fonctionne bien, sans conflits majeurs. Ils peuvent saisir le pourquoi de la séparation de leurs parents, mais ils ne la souhaitent pas. La transition va donc à l'encontre de leurs aspirations et leur impose un stress qui peut leur nuire.

Il n'est pas facile pour les adultes de s'apercevoir que ce sont les conjoints qui se séparent et qu'en tant que parents, il leur faut planifier un futur relationnel avec leur enfant. À cet égard, la coparentalité, porteuse du maintien du lien de l'enfant avec ses deux parents, est susceptible de mieux répondre aux aspirations des enfants désireux de « ne pas se séparer ». On a d'ailleurs vu des exemples de relations parent-enfant plus étroites après la séparation qu'avant, en raison d'un engagement individuel devenu plus actif de la part des parents.

### Des questions qui se posent

- Comment l'enfant est-il informé de la séparation ?
- Qui le fait et dans quel contexte cela se passe-t-il ?
- Que lui dit-on sur ce qui va lui arriver ?
- L'enfant a-t-il l'occasion d'exprimer ses émotions, ses pensées ?
- Comment tient-on compte de son point de vue ?

Voilà des questions que tous les parents qui se séparent peuvent se poser.

Le programme «EntreParents» pour parents séparés a été mis au point il y a quelques années afin d'aider les enfants à mieux s'adapter à la séparation[3]. Ce programme s'appuie sur le principe selon lequel la façon dont les parents «gèrent» leur séparation influence significativement l'adaptation de l'enfant par la suite. Comment l'enfant est-il informé de la séparation? Qui le fait et dans quel contexte cela se passe-t-il? Que lui dit-on sur ce qui va arriver pour lui? L'enfant a-t-il l'occasion d'exprimer ses émotions, ses pensées? Comment tiendra-t-on compte de son point de vue?

Voilà des questions que devraient se poser tous les parents qui se séparent. Il est sans doute plus facile de les ignorer, d'attendre à la dernière minute pour y faire face et d'improviser lorsqu'il faut agir, mais il est peu probable que ce soit là la meilleure solution. Le programme «EntreParents» a permis de constater que la volonté de réussir des parents était un élément-clé dans le processus et qu'il ne fallait pas attendre qu'il n'y ait plus de conflits conjugaux du tout pour s'occuper de coparentalité. Le programme a aussi montré qu'il est possible d'évoluer en matière de coparentalité, même avec des situations difficiles au départ. Se faire accompagner lors de la séparation est une marque de compétence, non pas d'incompétence.

## Les deux grands ennemis de l'adaptation après la séparation

Le développement de l'enfant dépend directement de la qualité de la réponse que ses milieux de vie apportent à ses besoins physiques (sécurité, nourriture, logement, vêtements,

---

3. LEMIEUX, N. ET CLOUTIER, R. Le programme Entreparents: fournir aux parents des moyens de favoriser l'adaptation de l'enfant à la suite de leur séparation. *Santé Mentale au Québec*, 1995; XX, 221-248.

etc.), psychologiques (affectifs, cognitifs, comportementaux, etc.) et sociaux (réseau de soutien, amis, loisirs, culture, etc.). En tant que premier milieu de vie, la famille fait partie de l'identité même du jeune tant qu'il n'est pas autonome. La force de l'enfant dépend beaucoup de la force de sa famille et, à plusieurs égards, l'enfant est le reflet de ce qu'il vit dans sa famille. De son côté, l'adulte dont le développement est plus avancé est moins vulnérable à long terme aux effets de la séparation, mais il n'en vit pas moins un stress et des conséquences déstabilisantes qui peuvent être durables.

Les familles qui se séparent ne courent pas toutes le même risque d'inadaptation ; certaines s'en tirent suffisamment bien pour que peu de choses paraissent dans le fonctionnement de leurs membres. Les enfants dont les parents coopèrent et ont peu de conflits s'adaptent mieux, non seulement à la séparation mais aussi à la recomposition éventuelle de leur famille. Qu'est-ce donc qui distingue les familles qui s'en tirent mieux ?

**Les conflits entre parents**

Les conflits et l'appauvrissement ressortent comme les deux principaux ennemis à combattre en contexte de transition familiale, les deux étant parfois d'intimes complices. Les familles qui réussissent à protéger leurs acquis et à éviter de s'appauvrir lors de la transition gagnent une longueur d'avance pour l'avenir de leurs membres parce qu'elles conservent mieux leur capacité de stimuler leur développement. Les familles séparées qui évitent de sombrer dans les conflits destructeurs du climat relationnel protègent leur avenir. Les conflits imposent un stress aux membres et grugent des ressources précieuses dont on aurait grand besoin ailleurs, de sorte que les parents qui les évitent ont de bien meilleures chances de se maintenir à flot et de reprendre une trajectoire viable.

## Situation problématique possible

Certains ex-conjoints n'arrivent pas à surmonter leur désir de punir l'autre, de se venger d'elle ou de lui, de lui faire payer le tort qu'il ou elle a fait. Pour eux l'«entente de séparation» n'est pas accessible. L'examen de certains dossiers de divorce litigieux montre bien que l'escalade conflictuelle peut aller très loin et durer très longtemps, jusqu'à la ruine matérielle et morale des parties, au terme d'années de guerre juridique sur différentes facettes de la transition, notamment la garde des enfants et le partage des biens.

Mais il ne faut pas s'illusionner. En dépit du fait que le maintien d'une relation non conflictuelle est reconnue comme avantageuse pour les enfants comme pour les parents, certains auteurs estiment que seulement le quart des ex-conjoints y parviennent vraiment et qu'une proportion équivalente reste en conflit, l'autre moitié se situant entre ces deux extrêmes avec une « coparentalité parallèle» manquant souvent de coordination mais sans opposition majeure, à la faveur d'un désengagement mutuel[4]. Nous savons que la séparation en douceur, sans aucun accrochage, relève plus de l'utopie que de la réalité humaine, et que les conflits font généralement partie du processus de séparation parentale. Dans ce contexte, c'est la façon dont les conflits sont gérés qui distingue les réussites des échecs.

---

4. MACCOBY, E. E. ET MNOOKIN, R. H. *Dividing the child: Social and legal dilemnas of custody.* Cambridge, Mass., Harvard University Press, 1992. HETHERINGTON, E. M., BRIDGES, M. ET INSABELLA, G. M. What matters? What does not? Five perspectives on the association between marital transitions and children's adjustment. *American Psychologist*, 1998; 53, 167-184.

Les conflits graves et récurrents provoquent une impasse dans l'évolution de la situation parce que les ex-conjoints ne sont pas fonctionnels dans leurs rapports mutuels. Or, la coparentalité repose justement sur la capacité de maintenir des rapports fonctionnels entre les ex-conjoints qui ont toujours en commun les mêmes enfants. La relation conjugale est terminée et les ex-conjoints doivent évoluer vers une relation qui ressemble davantage à une relation d'affaires, structurée plus à partir d'objectifs explicites qu'à partir d'un attachement émotionnel. L'hostilité est le reflet d'un attachement maintenu à l'autre; pour le contrer, il faut un désinvestissement de la relation, l'établissement d'une distance critique par rapport à l'autre.

---

**En l'absence d'argent neuf que l'on pourrait donner aux familles qui se séparent, la seule voie devient la protection des acquis : éviter que la séparation ne diminue les ressources disponibles pour continuer à répondre aux besoins des membres, notamment ceux des enfants.**

---

### L'appauvrissement familial

L'appauvrissement familial est l'autre grand ennemi, sinon le principal, puisque lui-même est nourri par les conflits. Il mine la capacité même des membres à relever les grands défis qui se posent à eux lors des transitions. Ici l'appauvrissement renvoie à des pertes matérielles bien sûr, mais aussi à des pertes humaines et sociales. Lors de la séparation des parents, la cellule familiale se divise pour donner naissance à deux entités distinctes. D'un seul domicile on passe à deux, avec tout ce que cela comporte de frais et de contraintes nouvelles.

Or, la séparation ne génère pas de revenus supplémentaires pour faire face à l'accroissement de ces coûts, sans parler des frais inhérents à la séparation en tant que processus. En l'absence d'argent neuf que l'on pourrait donner aux familles qui se séparent, la seule voie devient la protection des acquis : éviter que la séparation ne diminue les ressources disponibles pour continuer de répondre aux besoins des membres, notamment ceux des enfants. C'est à ce moment que la coparentalité entre en scène.

## Le paradoxe de la coparentalité

Traditionnellement, les intervenants auprès des personnes séparées ont partagé l'idée qu'un facteur important dans l'ajustement post-séparation était la capacité de développer une identité séparée de l'ex-conjoint et de la vie du couple. « Se refaire une vie » personnelle sur de nouvelles bases, indépendantes du passé conjugal, est un processus qui s'inscrit dans le temps et qui affiche une trajectoire variable d'une personne à l'autre.

L'engagement émotionnel intense de la vie de couple ne disparaît pas comme par magie lors de la signature d'un contrat de rupture. Après plusieurs années de vie intime, dans le contexte de multiples projets communs où les choses les plus importantes de notre vie sont des « co-propriétés » (enfants, réseau social, maison, etc.), le conjoint fait partie de soi et cette « partie de soi » ne sort pas facilement des automatismes. Ce processus d'individuation est difficile pour tous les couples qui se séparent mais, pour ceux qui sont parents, il est encore plus complexe, en raison justement de cette parentalité qui maintient le lien.

> L'hostilité, que l'on voit souvent comme une force de rupture, n'en demeure pas moins un indice de l'importance que l'on continue d'attribuer à autrui : on ne déteste pas quelqu'un qui ne compte pas, il nous est indifférent.

Le fait de conserver un attachement émotionnel à l'ex-conjoint après la rupture a souvent été identifié comme une source de détresse émotionnelle après la séparation. Les préoccupations et l'hostilité à l'égard de l'ex-conjoint sont deux indices du maintien de l'attachement émotionnel. Le fait d'être inquiet pour l'autre ou à cause de lui, le fait de penser souvent à lui (positivement ou négativement) et de se faire du souci pour ce qui va arriver en rapport avec lui, sont des éléments de préoccupation qui révèlent le maintien d'un attachement émotionnel. L'hostilité, que l'on voit souvent comme une force de rupture, indique finalement l'importance que l'on continue d'attribuer à autrui : on ne déteste pas quelqu'un qui ne compte pas, il nous est indifférent.

Sur le plan clinique, le maintien d'un attachement fort après la séparation a été relié à une série de symptômes tels que la dépression, l'anxiété, le sentiment de solitude, la colère, la perte d'efficacité personnelle, etc. Ces symptômes constituent autant de prélèvements sur l'énergie personnelle et ne favorisent évidemment pas l'adaptation personnelle à la suite de la séparation. Tout cela explique que l'un des objectifs de l'intervention thérapeutique ait été, traditionnellement, de mettre un terme à l'engagement émotionnel entre les ex-conjoints, de couper les liens définitivement pour favoriser le nouveau départ qui s'impose. Aujourd'hui, la recherche sur la coparentalité remet ce principe d'« attachement zéro » en question.

## *La coparentalité, un facteur de protection ?*

Lorsque l'on demande aux adultes qui ont vécu une séparation de faire le bilan de cette transition dans leur vie, la plupart affirment que cela a été une crise difficile à vivre mais, qu'en rétrospective, ce fut un bon choix et que la vie a repris son cours pour le mieux. En revanche, lorsque la même question est posée aux enfants, ils estiment le plus souvent que la séparation de leurs parents a eu un impact négatif sur leur vie, qu'ils auraient mieux réussi si cette transition n'avait pas eu lieu. Dans certains cas, on peut d'ailleurs se demander si la séparation des parents n'est pas utilisée comme prétexte par certains pour justifier leurs échecs : la séparation parentale a parfois « le dos large » et on l'identifie comme la cause de certains problèmes qui auraient bien pu survenir sans elle.

---

**Les couples mariés qui n'ont pas vécu maritalement avant leur mariage risquent moins de se séparer que les couples en union libre ; mais il ne faudrait pas en conclure que de marier tout le monde diminuerait le taux de séparation.**

---

À ce sujet, il faut souligner que nos connaissances sur les effets de la séparation reposent en grande partie sur les études qui ont comparé des groupes de personnes de familles séparées avec des groupes de familles intactes. Or, on ne peut pas dire que la seule chose qui différencie ces deux groupes soit la séparation : plusieurs autres facteurs sont susceptibles de les distinguer, en plus de la rupture des parents. Les gens qui ont des problèmes financiers (perte d'emploi, chômage, faillite, etc.), de personnalité (tempérament difficile, instabilité émotionnelle, faibles habiletés sociales, comportements violents, dépression, etc.), des handicaps physiques ou mentaux, ou d'autres difficultés, risquent beaucoup plus de se séparer que ceux qui ne présentent pas ces problèmes.

Les couples mariés qui n'ont pas vécu maritalement avant leur mariage risquent moins de se séparer que les couples en union libre, mais il ne faudrait pas en conclure que de marier tout le monde diminuerait le taux de séparation[5]. L'union libre n'est pas la cause de la séparation, mais elle définit un groupe social plus à risque de la vivre. De la même façon, la séparation n'est pas nécessairement la cause des différences entre les enfants issus de familles séparées et ceux de familles intactes[6]. Pour vraiment cerner les effets de la séparation, il faut suivre les mêmes familles dans le temps pour les comparer à elles-mêmes, avant et après la transition. Ces études sont très exigeantes et encore rares aujourd'hui.

Cela dit, les recherches menées pour comprendre les effets de la séparation des parents sur le développement de l'enfant ont produit une liste de désavantages nettement plus longue que la liste des avantages. Sur le plan de l'adaptation des enfants, on observe souvent des réactions extériorisées comme de l'agressivité, de l'impulsivité, un déficit du contrôle de soi, des difficultés à satisfaire aux exigences scolaires, et aussi des réactions intériorisées comme de l'anxiété, une baisse de l'estime de soi, des symptômes dépressifs, du retrait social[7].

---

5. Marcil-Gratton, N. et Le Bourdais, C. *Garde des enfants, droits de visite et pension alimentaire : résultats tirés de l'Enquête longitudinale nationale sur les enfants et les jeunes* (ELNEJ). Rapport présenté au ministère de la Justice du Canada (rapport no CSR-1999-3F), 1999.

6. Piérard, B., Cloutier, R., Jacques, C. et Drapeau, S. Le lien entre la séparation parentale et le comportement de l'enfant : le rôle du revenu familial. *Revue Québécoise de Psychologie*, 1994; 15, (3), 87-108.

7. Hetherington, E. M., Bridges, M. et Insabella, G. M. What matters ? What does not ? Five perspectives on the association between marital transitions and children's adjustment. *American Psychologist*, 1998; 53, 167-184. Saint-Jacques, Drapeau et Cloutier, sous presse.

Les garçons ont tendance à réagir de façon extériorisée et les filles de façon intériorisée.

> La coparentalité permet à l'enfant de conserver ses deux parents en tant que figures principales d'attachement et d'identification, en tant que pourvoyeurs de ressources matérielles et en tant que médiateurs d'expériences socioculturelles enrichissantes.

C'est parce que la coparentalité est un moyen de combattre l'appauvrissement de la famille et de donner ainsi à l'enfant le maximum de soutien à son développement qu'elle constitue un facteur de protection. La famille est le contexte de développement le plus important pour l'enfant; c'est elle qui nourrit ses progrès. Même les ex-conjoints en conflit veulent que leur enfant commun réussisse bien et qu'il soit heureux. Or, lorsque la famille s'appauvrit, c'est l'avenir de l'enfant qui s'assombrit et ce n'est certainement pas ce que ses parents souhaitent, peu importe leurs différends. La coparentalité permet donc à l'enfant de conserver ses deux parents en tant que figures principales d'attachement et d'identification, en tant que pourvoyeurs de ressources matérielles et en tant que médiateurs d'expériences socioculturelles enrichissantes.

## La coparentalité, un facteur de risque?

On a souvent observé que les enfants issus de familles séparées sont plus précoces que ceux qui viennent de familles intactes, d'une part en raison d'une plus grande liberté d'exploration (consommation, sexualité, etc.) amenée par une supervision parentale moins étroite et, d'autre part, en raison d'une trop grande responsabilisation dans la famille.

Le terme «parentification» est utilisé pour désigner l'engagement du jeune dans des rôles familiaux habituellement assumés par les parents. Cet engagement peut être instrumental lorsqu'il concerne l'entretien de la maisonnée, les courses, les soins et la surveillance des petits, et il peut être émotionnel lorsqu'il renvoie au rôle de confident auprès du parent esseulé, de soutien moral, de conseiller, etc. Mavis E. Hetherington, chercheur bien connu de l'Université de Virginie, a mesuré la parentification dans des familles monoparentales et a observé que les mères gardiennes avaient nettement plus tendance à la parentification émotionnelle que les pères gardiens.

Dans la zone émotionnelle, avec leur mère comme avec leur père, les filles sont davantage «parentifiées» que les garçons et cette sur-responsabilisation est attisée par les conflits. L'auteur observe que la parentification est la plus forte dans les familles séparées vivant un niveau élevé de conflits parentaux; suivent les familles intactes à conflit élevé, puis les familles séparées à faible conflit et, enfin, les familles intactes à faible conflit. Les enfants «parentifiés», surtout des filles, ont tendance à être plus responsables socialement que leurs semblables, mais aussi plus anxieux, plus dépressifs et moins sécurisés [8].

La coparentalité, parce qu'elle contribue à maintenir un contact émotionnel entre l'enfant et ses deux parents, peut favoriser la parentification si le jeune agit comme confident et messager auprès de l'un et de l'autre parent. Si à cela s'ajoute la présence de conflits sérieux entre les parents, la jeune personne peut vivre des conflits de loyauté d'autant plus grands qu'elle reçoit les confidences de chacun. Ainsi, pour éviter que

8. HETHERINGTON, E. M. Should we stay together for the sake of the children? Dans E. M. Hetherington (Ed.), *Coping with divorce, single parenting and remarriage. A risk and resiliency perspective.* Mahwah, New Jersey, Lawrence Erlbaum, 1999.

la coparentalité ne nourrisse la parentification de l'enfant, les adultes doivent laisser les jeunes vivre leur jeunesse, éviter de transgresser les frontières générationnelles de rôles dans la famille et trouver ailleurs la réponse à leurs besoins émotionnels.

Après la séparation, la solution la plus efficace pour éviter la parentification de l'enfant, soit cette tendance à faire jouer à l'enfant des rôles de parents dans la famille, c'est la formation d'une relation intime et soutenante avec un nouveau partenaire.

### Comment réussir la coparentalité ?

Le défi de la coparentalité consiste à développer une relation de soutien fonctionnel entre les ex-conjoints sur des bases autres que la relation de couple, en minimisant les manifestations d'hostilité et de préoccupation parce qu'elles nuisent à l'adaptation. Les ex-conjoints qui partagent au quotidien le fardeau parental doivent renégocier les frontières de leurs rôles en dehors d'une relation de couple, en se basant sur les buts qu'ils ont en commun pour l'enfant, en acceptant les limites de chacun sans transposer l'histoire passée dans le présent. La relation la plus favorable à l'ajustement entre des ex-conjoints serait caractérisée par un faible niveau d'hostilité, une bonne amitié et un faible niveau de préoccupation. Voici des comportements qui servent d'indicateurs du niveau de « préoccupation » :

a) le temps occupé à penser à l'autre ;

b) l'importance et la fréquence du questionnement sur ce que l'autre fait ;

c) la fréquence des regrets ressentis à l'égard de la rupture (ex. : « parfois je n'arrive pas à croire que nous nous sommes séparés ») ;

d) le sentiment que « je n'arriverai pas à me faire à la séparation » [9].

Le défi suppose donc que, sur le plan émotionnel, chacun des conjoints prenne ses distances par rapport à l'autre, l'éloigne de son univers de préoccupations mentales tout en maintenant avec elle ou lui une relation de coopération parentale. Certes, on ne peut pas ignorer quelqu'un qui est le parent de son propre enfant, surtout si l'on doit entretenir des relations courantes avec lui ou elle. Il est certainement normal de vivre certaines préoccupations à son égard, mais celles-ci ne doivent pas être envahissantes, négativement comme positivement. Qu'un seul des deux n'y arrive pas et l'équilibre fonctionnel est menacé.

Toutefois, on peut remettre en question le principe voulant que le maintien d'un attachement émotionnel entre ex-conjoints soit néfaste. La nouvelle définition des frontières de rôles entre parents séparés n'exclut pas un attachement naturellement soutenu par la réussite de la coopération : si l'ex-conjoint se montre très coopératif et soutenant, cela peut stimuler l'attachement [10].

La séparation impose aux parents de tourner la page sur leur relation conjugale, mais la coparentalité leur demande de conserver un lien fonctionnel entre eux pour que l'enfant puisse vivre la relation la plus riche possible avec chacun. Exception faite des situations de violence ou d'hostilité familiale où une telle relation fonctionnelle ne sera jamais possible,

---

9. MASHETER, C. Healthy and unhealthy frienship and hostility between ex-spouses : The role of attachment and interpersonal conflict. *Journal of Marriage and the Family*, 1997; 53, 103-110.

10. MADDEN-DERDICH, D. A. ET ARDITTI, J. The ties that bind : Attachment between former spouses. *Family Relations*, 1999; 48, 243-249.

la recherche indique que la coparentalité représente un potentiel réel pour la famille réorganisée, même s'il faut tolérer les divergences entre les ex-conjoints et même si les contributions de l'un ne sont pas toujours à la hauteur des attentes de l'autre.

### En résumé

Les parents qui souhaitent donner une chance à la coparentalité parce qu'ils se rendent compte que chacun peut y gagner, leur enfant d'abord et eux-mêmes ensuite, doivent considérer les points suivants :

- un parent ne peut y arriver seul : les deux ex-conjoints doivent souscrire à l'objectif d'un partage des responsabilités parentales. En revanche, on ne peut pas présumer des intentions d'un parent sans que la question soit explicitement discutée avec lui ou elle. Trop souvent, un parent est exclu d'office par l'autre en vertu d'intentions qu'on lui prête sans validation expresse de cette perception ;

- chacun doit surmonter son égocentrisme, son désir de punir l'autre, et prendre conscience du fait que l'hostilité nuit à tous. Cela n'est pas facile lorsque la préoccupation demeure forte et qu'on a le vif sentiment d'avoir été floué, trompé par une personne qui, justement, a tendance « à ne penser qu'à elle » ;

- les parents doivent être conscients que l'avenir de l'enfant est fragile. Il est un peu trop facile de considérer que les enfants s'ajustent sans problème étant donné que « lorsqu'on est jeune on s'habitue à tout ». Il est plus exigeant de chercher à diminuer les risques pour l'enfant, à protéger sa vie future, quitte à faire une place à l'ex-conjoint dans les rôles parentaux ;

- en matière de conflits, la tolérance zéro n'est pas viable, mais trop de tolérance non plus. D'un côté, la coparentalité doit pouvoir exister même lorsque subsistent des mésententes et des divergences entre parents, car il serait utopique de s'imaginer qu'un couple qui n'a pu surmonter ses différends puisse le faire parfaitement après sa rupture. En revanche, le niveau de conflit ne peut pas dépasser certaines limites acceptables sans empoisonner le climat et nuire à tous, y compris à l'enfant. La coparentalité est contre-indiquée en contexte de violence physique, psychologique ou d'hostilité entre les parents.

# Chapitre 5

# La communication entre parents

*par Harry Timmermans*

▼

## La nécessité de la communication

Après la séparation, c'est de la communication entre parents que naissent aussi bien les conflits que les solutions. Les échanges entre parents sont nécessaires et inévitables. En effet, il est illusoire de penser qu'on ne communiquera plus avec l'autre parent après la séparation ou le divorce. Même les parents séparés qui ne se parlent pas communiquent tout de même. Des phrases comme «Tu diras à ta mère que… », «As-tu passé un bon moment avec ton père ? » ou «Qui était là en fin de semaine ? » traduisent chez le parent le besoin de communiquer.

> La communication est généralement facile en temps de paix, mais elle devient difficile et inefficace pendant le temps de la «crise» et du choc psychologique de la séparation.

De plus, il est rare de rencontrer un parent qui accepte de laisser partir un enfant chez l'autre parent en ne sachant rien de ce qui se passe avec l'enfant. Cette curiosité est naturelle et répond à un besoin de base des parents qui veulent savoir ce que leur enfant vit. Malheureusement, cette saine curiosité d'un parent est parfois interprétée comme une tentative de contrôle par l'autre parent.

En général, la communication se fait facilement en temps de paix, mais elle devient difficile et inefficace pendant le temps de la « crise » et du choc psychologique de la séparation. La rupture de la communication est normale pendant la période intense de déstructuration qui caractérise la fin de la vie commune. Si malgré tout, vous avez une bonne communication entre vous pendant cette période difficile, dites-vous qu'il s'agit d'un atout précieux quoique fragile. L'atout est précieux parce que si les parents ne se parlent pas, ce sont les enfants qui héritent de la « tâche » et qui le font par obligation, jamais par plaisir ; en plus, ils le font avec maladresse et cela est souvent source de tensions réelles entre les parents. Quant à la fragilité, elle tient au fait que c'est souvent le lien avec l'autre qu'on a le plus envie de faire sauter.

La communication entre parents étant obligée, il vaut mieux y faire face avec lucidité. Pour ce faire, nous indiquons ci-après les pièges courants d'une communication inefficace et les dangers qui y sont liés.

### Le malentendu

La maladie la plus grave de la communication est certainement le « malentendu », c'est-à-dire toutes ces paroles mal comprises ou mal interprétées. Comment expliquer que, la plupart du temps, après la séparation, chacun des deux parents a des valeurs qui vont dans le sens du meilleur intérêt de l'enfant alors que, dans les faits, chacun croit que l'autre peut représenter une valeur douteuse pour l'enfant ? La réponse se trouve vraisemblablement dans l'inefficacité de la communication, ce qui engendre facilement les malentendus.

Les premiers malentendus, après la séparation, surviennent souvent lorsque l'enfant, pour des raisons parfois difficiles à comprendre, manifeste à un parent la volonté de ne pas aller chez l'autre parent. L'arrangement conclu par les parents est mis en péril si le premier parent, comme c'est souvent le cas, adopte la position de l'enfant en croyant que celui-ci a raison et qu'il fait sa demande en réaction à un mauvais comportement de l'autre parent. Ne parlant pas de la situation avec l'autre parent par crainte d'être rabroué, le premier parent développe peu à peu l'idée que l'autre parent est « moins bon ». Débute alors une communication inefficace, avec toutes ses conséquences sur la qualité de vie de la famille, qui doit renaître sous une forme nouvelle après la séparation.

Un autre exemple souvent rapporté est celui de l'enfant qui fait des cauchemars ou qui est plus « tannant » que d'habitude quand il revient de chez l'autre parent; la tendance est toujours très forte de présumer de l'incompétence de l'autre et d'en conclure rapidement que c'est lui qui est la cause de ces comportements. D'autres malentendus peuvent générer des tensions inutiles. Ainsi, un père dit à son fils, à la fin de la période passée avec lui, qu'il a aimé le séjour de l'enfant, qu'il a hâte de le revoir et qu'il va beaucoup s'ennuyer de lui. Lorsque l'enfant arrive chez sa mère, il s'empresse de lui dire qu'il ne pourra pas rester longtemps avec elle, car papa lui a confié qu'il s'ennuierait trop. Cela peut aussi être une mère qui dit à sa fille, dans un moment de tendresse : « Il n'y a personne au monde qui t'aime plus que ta maman. » Un peu plus tard, l'enfant rapporte ce moment affectueux en disant à son père : « Maman m'a dit qu'elle m'aimait plus que toi. »

La communication est un phénomène complexe qui fait face sans arrêt à ces dangers puissants que sont les malentendus. Croire que l'autre parent travaille contre nous auprès de l'enfant est sûrement l'une des émotions les plus difficiles à vivre pour un parent. Cette croyance peut rapidement devenir une conviction et il faut, pour se défendre contre une entreprise aussi surprenante qu'incompréhensible, une quantité surprenante d'énergie. La construction d'une pensée aussi négative survient souvent à cause d'une communication inefficace.

> **La puissance d'un malentendu tient au fait qu'il se cache derrière le «plausible», le «possible», le «ça pourrait être vrai».**

Lorsqu'un enfant rapporte des paroles comme «maman a dit que...» ou «papa a dit que...», on croit généralement que ces paroles ont été vraiment dites. S'il arrive que cela soit vrai, il est aussi très fréquent que l'enfant entende tout simplement ces paroles, alors que le parent parle à quelqu'un d'autre, et qu'il les rapporte de façon partielle et hors contexte. L'enfant n'est pas à blâmer, car il n'a pas dans ce domaine la prudence que seule l'expérience peut apporter. Mais on comprend facilement que l'absence d'une communication efficace entre les parents, c'est-à-dire un message dit et compris, puisse être une porte ouverte aux malentendus et aux interprétations plausibles, mais erronées. La puissance d'un malentendu tient au fait qu'il se cache derrière le «plausible», le «possible», le «ça pourrait être vrai». N'étant ni perçu ni identifié, le malentendu s'installe solidement dans la communication entre parents et représente un grand danger pour la famille qui se cherche une nouvelle forme après la séparation.

### L'histoire de Jasmin

Jasmin, un charmant petit garçon de quatre ans et demi, vit principalement chez son père après la séparation de ses parents. Depuis quelques mois, l'enfant dit qu'il ne veut plus aller chez sa mère. Celle-ci s'adresse à la Cour pour faire reconnaître ses droits d'accès et sa requête donne lieu à une ordonnance d'expertise qu'on nous demande de piloter.

Lors de notre rencontre avec le père à son domicile, nous discutons des causes possibles du comportement de Jasmin qui ne veut vraiment pas voir sa mère. Bien sûr, il n'y a plus de communication efficace entre les parents qui, pourtant, s'étaient entendus au sujet de la garde au moment de la séparation. Le père, bien que très en colère contre la mère, demeure un homme intelligent et modéré. Nous évoquons la naissance d'un nouvel enfant du côté de la mère comme événement pouvant expliquer la décision de l'enfant de ne plus vouloir la revoir.

Pendant cette discussion, Jasmin se présente dans la pièce où nous sommes avec, en main, une voiture télécommandée que sa mère lui a donnée peu de temps auparavant. Il veut de nouvelles piles, car son jouet ne fonctionne plus. Cette demande, faite en plein milieu de notre discussion, dérange un peu le père qui lui suggère fermement de se trouver pour l'instant un autre jouet. L'enfant, visiblement contrarié par cette attitude, quitte la pièce. Sur le coup, nous n'attachons pas d'importance à ce fait divers qui ne semble pas avoir de lien avec l'expertise que nous avons à faire.

Quelque temps après, on emmène l'enfant chez sa mère pour une rencontre où nous serons tous les trois présents. Ce ne fut pas facile d'amener l'enfant, mais le père a assumé sa responsabilité et n'a pas laissé le choix à Jasmin. Une fois en présence de sa mère, l'enfant se comporte comme tout enfant de son âge et ses interactions avec sa mère sont tout à fait adéquates.

Nous observons également que Jasmin s'occupe bien de sa jeune sœur qui a presque un an. La mère demande alors à Jasmin s'il a toujours du plaisir à jouer avec la voiture téléguidée qu'elle lui a offerte en cadeau peu de temps auparavant. Après une courte hésitation, l'enfant répond à sa mère : « Papa a jeté la voiture à la poubelle après l'avoir piétinée »; et l'enfant imite le geste de son père détruisant le jouet.

La mère est consternée mais en même temps ravie que ce fait soit rapporté devant l'expert de la Cour; elle soutient justement dans ses requêtes que tout ce qu'elle fait est déformé par le père et que cette attitude explique le refus de son fils de la voir. Pourtant, le jouet téléguidé existe toujours, car le père ne l'a évidemment pas détruit.

Ce fait clinique, de prime abord sans importance, se révèle finalement être le point tournant de cette expertise. Comme ces adultes ne se parlent plus, victimes de plusieurs malentendus qui ont détruit leur confiance en l'autre, il s'ensuit un état de tension quasi permanent, et c'est l'enfant qui hérite de la tâche de véhiculer l'information d'un milieu à l'autre. Jasmin est à un âge qui ne lui permet pas de s'acquitter de cette tâche — qu'aucun enfant d'ailleurs ne peut vraiment assumer adéquatement — et les malentendus se multiplient. Le jouet téléguidé n'est qu'un reflet de ces malentendus. L'enfant agissait ainsi devant sa mère en réaction à sa frustration de ne pas avoir reçu de nouvelles piles au moment où il les demandait à son père. Ce n'était pas un mauvais enfant qui agissait ainsi, c'était tout simplement un enfant.

### L'histoire de Raphaëlle

Le père de Raphaëlle, une belle fillette de 8 ans, est français et sa mère, québécoise. Après la séparation, la mère ne veut plus que sa fille voit son père, car ce dernier, pendant la période du choc psychologique de la séparation, a affirmé qu'il allait regagner la France avec la petite; c'est ce que veut éviter la mère en ne permettant pas un droit d'accès au père. Ce dernier s'adresse à la Cour pour que ses droits soient reconnus et ce litige donne lieu à une ordonnance d'expertise qu'on nous demande de réaliser.

Lors de la rencontre entre Raphaëlle et son père, celui-ci profite de l'occasion pour lui remettre des photos représentant ses oncles, ses tantes ainsi que ses cousins et cousines qui habitent en France. Ces photos sont présentées par le père comme si c'était un trésor, car il s'agit de la famille élargie du côté paternel à laquelle l'enfant aura accès lorsque « maman ne sera plus fâchée »; c'est ainsi que l'enfant résume à son père l'attitude de sa mère au sujet du droit d'accès.

Peu de temps après cette rencontre, le père communique avec moi. Il est très en colère, car la petite fille vient de lui apprendre au téléphone que « maman a jeté les photos ». Lorsque je demande à la mère ce qui se passe, j'apprends qu'elle a rangé les photos dans un tiroir du bureau de Raphaëlle et qu'elles s'y trouvent toujours. Ce qui s'est passé est tout simple : l'enfant, répondant à son père au téléphone dans sa chambre, au moment où celui-ci lui demande si elle est toujours heureuse d'avoir les photos de sa famille en France, est surprise de ne pas les trouver là où elle les a laissées, c'est-à-dire sur le bureau. Se souvenant qu'il s'agit d'un « trésor » et ne voulant pas admettre qu'elle les a peut-être perdues, l'enfant répond ce que l'on sait. Ce faisant, Raphaëlle se met à l'abri de la peine ou de la colère de son père tout en ne soupçonnant pas qu'une telle attitude peut exacerber les tensions entre ses parents.

Des exemples de cette nature sont légion dans notre pratique quotidienne et ont un effet dévastateur sur le potentiel d'entente des parents.

> **Un enfant dont les parents sont sous tension relationnelle aura tendance à fabuler.**

Les malentendus alimentent les états de tension entre les parents, ce qui perturbe énormément les enfants. Un enfant dont les parents sont sous tension relationnelle aura tendance à fabuler, c'est-à-dire à présenter un récit imaginaire comme s'il était réel. En voici un exemple :

> Revenant d'un week-end chez son père, Antoine se voit demander par sa mère si tout s'est bien passée, si son séjour chez son père a été intéressant. L'enfant répond, enthousiasmé, que le week-end a été merveilleux, qu'il est allé au baseball avec son père et qu'il a mangé toutes sortes de choses. Visiblement « dérangée » par ce récit plein de passion, la mère réplique en affirmant que c'est aussi à cette occasion que l'enfant a attrapé un bon rhume. Il est facile d'imaginer que cette remarque ait pu amoindrir l'enthousiasme de l'enfant.

> La semaine suivante, la mère pose la même question, mais l'enfant se retient cette fois d'exprimer sa joie. Il dit plutôt que ce fut monotone, que papa était toujours devant son ordinateur et qu'il aurait, lui, préféré revenir plus tôt. La mère, cette fois visiblement satisfaite, exprime à son enfant sa joie de le revoir tout en lui disant que son père n'a pas changé et qu'il ne sait toujours pas

comment s'occuper de lui. Cet enfant a compris qu'il ne peut plus dorénavant dire ce qu'il pense vraiment, mais qu'il doit plutôt exprimer ce qu'il pense que l'autre veut entendre. En ces matières, les enfants sont habiles à deviner et à agir en conséquence.

Comme c'est souvent l'enfant qui véhicule l'information entre des adultes qui ne se parlent plus, les malentendus sont davantage la norme que l'exception, et le système se nourrit jusqu'à prendre des proportions effarantes. La communication inefficace engendre de très fortes pressions sur les personnes. Il arrive parfois que des enfants n'arrivent plus à vivre avec tous ces malentendus et qu'ils « explosent » littéralement; c'est l'enfant qui décroche au plan scolaire, qui tombe malade, c'est l'adolescent qui n'a plus le goût de vivre…

### Les attitudes favorisant une communication efficace

Il y a des personnes qui adoptent des attitudes les mettant à l'abri des malentendus et favorisant la résolution d'un problème. Elles possèdent ce que nous appelons des « capacités » sur le plan de la  communication.

*La première de ces capacités* est celle de **transmettre des messages clairs**, c'est-à-dire de ne pas tenter de tout dire en même temps. Par exemple, si l'école vous convoque, vous et votre ex-conjoint, parce que votre enfant a des problèmes de comportement et que vous profitez de cette occasion pour rappeler à votre ex-conjoint un fait ancien que vous n'avez toujours pas accepté, vous vous éloignez des problèmes de votre enfant; en fait, il est possible que vous vous disputiez et que ce soit la dernière fois que l'école vous convoque ensemble. Il faut bien savoir que de transmettre des messages clairs, cela veut dire parler d'une seule chose à la fois et vivre au présent.

Les personnes qui conjuguent les expériences du passé au présent vivent en fait dans le passé. Elles ne sont pas sensibles à ce qui se passe au présent, et c'est souvent dans ces circonstances que des messages brouillés ou contaminés par des histoires anciennes rendent la communication inefficace.

*La deuxième capacité*, sans doute la plus importante, est **la capacité d'écoute**. Si vous parlez tous les deux en même temps, il n'y a pas d'écoute et, en l'absence d'écoute, il n'y a pas de réelle communication. Parler en même temps que l'autre, cela est un signal d'alarme qui signifie que la communication ne fonctionne pas et qu'il vaut mieux prendre une pause, se détendre, réaliser que l'entretien évolue vers l'échec, et reprendre ensuite la communication en tenant compte de cette alarme. Mais qu'est-ce que la capacité d'écoute? Une bonne écoute suppose deux comportements visibles: 1) garder le silence pendant que l'autre parle et 2) essayer de comprendre ce que l'autre dit. Nous avons maintes fois observé que le comportement le plus facile est de ne pas parler en même temps que l'autre et que le plus difficile est d'essayer de comprendre. En effet, on garde souvent le silence pour préparer une réponse à ce que l'autre est en train de dire sans vraiment se soucier de le comprendre.

Le message d'espoir, celui qui nous permet d'espérer arriver à une communication efficace est le suivant: **c'est celui qui écoute qui donne toute sa qualité à la communication.** En effet, qu'arrive-t-il à la personne qui parle et qui n'est pas écoutée? Elle a toujours tendance, dans un premier temps, à parler plus fort pour attirer l'attention de l'autre. Comme cela ne fonctionne pratiquement jamais, elle adresse souvent à l'autre, par la suite, des mots blessants. Cela s'avère aussi infructueux et la tentative de communication se termine sur une grande frustration qui éloigne la reprise de dialogue.

Pour réaliser une bonne écoute, il faut développer un talent particulier, et chaque personne peut y arriver. Tout d'abord, il faut utiliser ses deux oreilles; l'une sert à entendre et à essayer de comprendre ce que dit l'interlocuteur; l'autre sert à nous entendre nous-mêmes, à nous rendre sensibles à ce que nous avons envie de dire immédiatement et à gérer adéquatement cette pulsion qui nous porte si souvent à couper la parole de l'autre. Quand une personne écoute, la personne qui parle fait généralement attention à ce qu'elle dit justement parce qu'il y a de l'écoute. Sans écoute, nous sommes parfois portés à dire n'importe quoi, car c'est sans conséquence.

Une bonne écoute consiste essentiellement en un acte de générosité envers l'autre et cela nous permet de croire qu'en retour, l'autre nous écoutera aussi un jour. Lorsque l'écoute est un échec, cela est dû principalement au fait que nous sommes animés par le besoin d'avoir raison et que nous utilisons le blâme — très présent dans un contexte de séparation — pour critiquer l'autre. Chez les couples formés depuis plusieurs années, l'échec provient souvent du fait qu'on croit connaître l'autre parfaitement et qu'on estime qu'il est donc inutile de l'écouter. L'échec peut être également causé par l'impression d'avoir tout essayé; en fait, il s'agit là d'une façon de démissionner pour justifier son inaction. Cette dernière attitude ne renferme pas de solution et il vaudrait sans doute mieux dire « je ne sais plus quoi faire de plus » pour conserver un bon potentiel d'écoute, car c'est justement une bonne écoute qui nous renseigne sur le « quoi faire de plus » ou sur le « comment faire autrement » pour obtenir le résultat recherché, soit une communication efficace.

---

**Dans la communication, l'important ce n'est pas seulement ce qui est dit, c'est aussi ce qui est compris.**

*La troisième capacité* en est une de **rétroaction**: vérifier si on a bien compris. Dans la communication, l'important ce n'est pas seulement ce qui est dit, c'est aussi ce qui est compris. En vérifiant auprès de l'autre ce qu'on a compris, on lui permet de se rendre compte de l'importance qu'on accorde à ses propos. Par contre, s'il n'y a pas eu d'écoute de notre part, il y a fort à parier que l'autre ne répétera pas ses propos et qu'il fera plutôt des remarques comme « ça ne donne rien de te parler, tu n'écoutes pas ».

*La quatrième capacité*, qui est certainement la plus complexe, consiste à **réagir à l'expression des sentiments**. Dans le cadre d'une discussion, si vous entendez l'autre vous dire « je ne suis pas d'accord », vous avez le choix entre quitter la rencontre ou proposer une autre manière d'exprimer vos besoins. Gérer un sentiment suppose essentiellement être flexible. Pensez ici à votre expérience de parent; lorsque vous informez votre enfant qu'il a un rendez-vous chez le dentiste et que celui-ci, se souvenant de sa dernière expérience, vous répond qu'il n'ira pas, vous ne rappelez pas le dentiste pour annuler le rendez-vous. Vous parlez d'une autre manière du dentiste et vous soulignez la nécessité d'y aller; surtout, vous prenez votre temps, laissant à l'enfant la chance de réfléchir.

## Les effets d'une communication efficace

Le souhait souvent présent chez les deux parents, dans une garde partagée, commence par une communication efficace et non par un partage mathématique du temps. Vivre une garde partagée sans se parler, c'est accepter que presque la moitié de l'univers de notre enfant puisse nous échapper. Au contraire, certains parents, bien que l'enfant vive principalement chez l'un, se parlent si ouvertement de leur enfant que le parent moins présent physiquement finit par l'être grâce à la parole.

Notre expérience nous porte à croire que la communication est même possible dans une situation de tension entre les conjoints si on ne perd pas de vue les attitudes de base ou les capacités dont nous venons de parler. Des recherches démontrent aussi que « plus les parents et les enfants communiquent au sujet de l'organisation de la garde, plus le temps de garde est partagé de manière égalitaire entre les parents après la séparation[1] ».

Une communication efficace entre les parents leur procure la possibilité de répondre à des revendications de l'enfant en lui disant : « Je vais en parler à ton père (ou à ta mère) et on verra. » Cela vous donne un temps de réflexion, vous permet de faire appel à un allié, l'autre parent, pour vous aider à trouver une réponse. Surtout, cela envoie à l'enfant un message clair : la réponse viendra de papa et de maman, et elle sera importante et incontournable.

## Les conséquences prévisibles d'une absence de communication efficace

Il est évident que si les parents ne se parlent pas, il y a des contradictions dans les messages parentaux à l'enfant, et cela risque de conduire ce dernier vers un conflit de valeur. Que peut penser et faire l'enfant lorsque « maman veut » et que « papa ne veut pas » ? Pour l'enfant, rien n'est plus efficace qu'un même message venant de maman et de papa.

Dans les situations où les parents ne se parlent pas, le vide risque grandement de s'installer entre eux, favorisant ainsi un contexte de manipulation entre les personnes. De plus, il est

---

1. BEAUDRY, M. *Le partage des responsabilités parentales à la suite d'une séparation*, Laboratoire de recherche, École de Service social, Université Laval, 2e trimestre 1991.

dangereux de laisser l'enfant sous l'impression que les adultes sont incapables de régler leurs problèmes.

## *Les formes d'une communication efficace*

Si la communication verbale ne fonctionne pas «pour le moment», il y a d'autres façons d'obtenir l'information souhaitée. En tenant un «carnet de bord», on peut faire part par écrit à l'autre parent des événements importants qu'il doit connaître au sujet de l'enfant. Écrire suppose un moment de réflexion; de plus, c'est une forme d'expression qui permet de reprendre, sans qu'il y ait de conséquence, un texte que le recul et la réflexion font paraître inadéquat. Les «capacités» de la communication efficace s'appliquent aisément au texte écrit.

Nous pensons enfin que les parents aussi ont besoin de se faire témoigner amour et tendresse pour répondre avec doigté et compétence aux défis éducatifs et affectifs de leurs enfants. Le fait de dire à l'autre parent notre fierté d'avoir cet enfant et d'exprimer notre reconnaissance à ce sujet représente certainement un grand pas vers une communication adéquate. Imaginez la scène suivante: l'enfant revient de chez son père et dit à sa mère: «Maman, c'est ta fête demain et j'ai hâte. » La réaction de la mère consistera sans doute à dire à son enfant à quel point il est gentil et bien attentionné. Et si l'enfant répondait alors: «Mais maman, c'est papa qui m'y a fait penser. » Ces attentions délicates, ces «tendresses entre parents» ne coûtent pas chers et sont nécessaires pour entretenir un climat de communication efficace.

«C'est dans la chicane que l'on voit la toute-puissance de la politesse.» Par cette citation, le poète Félix Leclerc nous rappelle qu'être poli, c'est rendre le lendemain possible. Mais parfois, un si grand mal a été fait par une communication inefficace qu'il peut alors être utile de demander l'aide d'un médiateur familial; il ne faut pas hésiter à demander et à recevoir l'aide requise pour rebâtir un lien efficace de communication entre parents.

# CHAPITRE 6

# MYTHES CONCERNANT LA FAMILLE SÉPARÉE ET LA PAROLE DE L'ENFANT

*par Lorraine Filion*

▼

## *Les mythes*

Il est bon, lorsqu'on parle de séparation ou de divorce, de connaître les mythes qui se rattachent à ces réalités. Comme on le sait, les mythes sont de fausses croyances, des constructions de l'esprit qui, bien que ne reposant pas sur la réalité, sont bien vivantes. La façon dont vous et votre entourage percevez le divorce ou la séparation influence votre réaction, celle de vos enfants ainsi que vos modes d'adaptation.

Voici les mythes qui peuvent représenter des obstacles sur la route de la séparation et de la recomposition familiale.

### Mythe 1 : « C'est moins pire qu'avant. De nos jours, il y a tellement de divorces que l'enfant peut en parler plus facilement. »

Un plus grand nombre de divorces ne signifie pas que l'enfant a moins de chagrin. La peine est d'autant plus grande que les parents sont pris dans ce tourbillon et qu'ils sont moins disponibles pour répondre aux besoins de l'enfant.

Malgré l'évolution des mœurs et des lois et malgré le nombre croissant de ruptures de couples, cela demeure toujours pour l'enfant un événement « privé » et même, chez certains, un secret bien gardé. Nombre d'enfants hésitent à en parler à l'école, à leurs amis et même à leurs proches. Ils craignent, disent-ils, leurs questions, leurs réactions ou leurs commentaires.

Le plus souvent, quand ils osent s'exprimer, ils le font auprès d'autres enfants de parents séparés ou avec leurs meilleurs amis qu'ils savent discrets. Vous serez peut-être surpris ou blessés d'apprendre que vous n'êtes pas les premiers confidents de vos enfants. Or, la raison principale de ce mutisme est le grand amour que les enfants vous portent; ils veulent vous épargner des soucis et une peine supplémentaire. Le silence de votre enfant est une marque d'amour et non de manque de confiance.

Voici quelques témoignages d'enfants à ce sujet :

- « La nuit, j'entendais pleurer ma mère, alors je ne voulais pas la déranger avec ma peine. »

- « Je m'ennuyais beaucoup de mon père, mais je savais que ma mère l'aimait encore, alors j'étais pas pour lui en parler tout le temps. »

- « Je savais que mes parents étaient fâchés, alors j'étais turbulent à l'école mais pas à la maison. »

- « Quand je suis très triste le soir dans ma chambre, je parle à mon chien, lui il me comprend. »

On voit, par ces exemples, la générosité et la discrétion de l'enfant à l'égard de ses parents.

**Mythe 2 : « Les enfants de parents séparés sont marqués pour la vie et tôt ou tard ils auront des problèmes. »**

La rupture est une période difficile pour tous les membres de la famille. Il vous faudra sans doute beaucoup d'amour pour votre enfant, être à l'écoute de ses besoins et éviter de parler en termes négatifs de l'autre parent. Cependant, un bon nombre d'études ont démontré que le divorce en soi n'était pas la cause principale des difficultés d'adaptation de l'enfant. L'enfant qui s'adapte le mieux à cette situation :

- a des contacts réguliers et fréquents avec ses deux parents ;

- est placé à l'écart du conflit des parents ; il ne sert pas de messager, n'est pas témoin de disputes violentes et continuelles entre ses parents ;

- bénéficie d'un modèle d'identification masculin et féminin ;

- se sent aimé par chacun de ses parents.

Même si les conditions sont favorables, les enfants ont besoin d'un certain temps — un an et plus, selon les circonstances — pour retrouver un équilibre et s'ajuster à leur nouvelle réalité familiale.

**Mythe 3 : « La garde partagée ne peut s'appliquer qu'à certaines conditions dont une bonne communication entre les parents, des résidences rapprochées et des modèles éducatifs semblables. »**

À l'exception de situations d'abus ou de négligence grave de la part d'un parent, l'ajustement de l'enfant à la séparation se fait d'autant plus facilement qu'il maintient un accès régulier et fréquent aux deux parents.

Quelles modalités de garde doit-on choisir ? Votre situation est unique, si bien que la solution sera unique. Pour vous aider à prendre une décision, vous pourriez prendre en considération les éléments suivants :

- le lien établi avec votre enfant jusqu'à présent et votre projet pour le futur ;

- votre disponibilité réelle compte tenu de votre santé, de votre travail, de vos études, de vos activités culturelles et sportives;

- la présence et le soutien de votre famille, d'un nouveau conjoint, de grands-parents ou d'autres personnes;

- vos limites comme parent, c'est-à-dire les difficultés que vous vous reconnaissez et celles que l'on vous reconnaît dans l'exercice de votre rôle;

- votre situation financière;

- les forces et les limites que vous reconnaissez à l'autre parent;

- votre lieu de résidence (l'espace, la proximité de l'autre parent, de l'école ou de la garderie fréquentée par l'enfant);

- votre désir et votre capacité à communiquer avec l'autre parent;

- les besoins de votre enfant au plan personnel, scolaire, familial et social, en tenant compte du stade de développement de l'enfant et de son lien d'attachement à chaque parent;

- tout autre facteur propre à votre situation.

La décision du partage des responsabilités parentales appartient aux deux parents; ce sont eux qui sont les mieux placés pour élaborer un plan d'action et tenir compte des besoins de l'enfant. En prenant votre décision, tentez de mettre en commun vos qualités et n'oubliez pas que, pour votre enfant, vous êtes complémentaires, malgré vos différences. Rappelez-vous que la meilleure décision de partage des responsabilités parentales est celle que vous choisissez ensemble, même si elle est imparfaite. Une décision imposée par un juge comporte souvent son lot de difficultés lorsqu'il s'agit de la mettre en application. Peu importe le bien-fondé d'une telle décision, elle aura été faite par un tiers, étranger à votre situation.

D'ailleurs, il est bon de signaler que l'enfant s'accommode souvent des différences mieux que ses parents. Prenons le cas de Sophie, dont la mère fait grand état du fait qu'elle est végétarienne et qui insiste pour dire que le père « oblige » l'enfant à manger de la viande. Invitée à s'exprimer sur ce sujet, Sophie dit : « Chez mon père, je mange de la viande et, chez ma mère, je me repose en mangeant des fruits et des légumes. C'est cool ! » Par ailleurs, un père se plaint de mesures éducatives différentes chez la mère ; là-dessus, l'enfant s'exprime ainsi : « Chez mon père, je me couche souvent à 8 h 30 le soir et je lis avant de dormir ; chez ma mère, on se tiraille, c'est le fun, puis après je me couche, mais pas toujours à 8 h 30, des fois il est 9 h, mais c'est pas grave. »

Bien souvent, lorsqu'il est question de garde partagée, on croit encore qu'il faut nécessairement parler d'un partage égal du temps et des responsabilités. Il en est tout autrement dans la réalité. C'est la même chose en ce qui concerne l'obligation des parents de se parler et de se concerter sur une base régulière. Au cours des dix dernières années, ce mode de garde a gagné en popularité et on assiste à l'émergence de diverses formules :

- il y a la formule *une semaine — une semaine*, ou *deux semaines — deux semaines*, où les enfants changent de résidence le plus souvent le vendredi en après-midi, en quittant l'école, la garderie ou le domicile d'un parent ;

- il y a la formule *un an — un an* (*deux ans — deux ans* est plus rare), où l'enfant change de lieu de résidence ; un changement d'école ou de garderie peut aussi se produire selon la distance entre les domiciles des deux parents ;

- il y a la formule où l'enfant fréquente un collège, comme pensionnaire, du lundi au vendredi, et se rend chaque week-end au domicile de l'un ou l'autre de ses parents, à tour de rôle; il partage alors, équitablement entre ses deux parents, ses étés ainsi que ses congés scolaires et fériés.

Il existe d'autres formules moins populaires:

- le partage entre les deux parents se fait aux deux ou trois jours. Le plus souvent, les parents résident près l'un de l'autre. C'est aussi le cas lorsque l'enfant est très jeune (âgé entre 0 et 18 mois); dans ce cas, la règle retenue par les deux parents est «plus souvent, moins longtemps»;

- la formule des «parents-valises», c'est-à-dire de ceux qui déménagent aux deux ou trois jours ou chaque semaine ou aux deux semaines alors que les enfants continuent d'habiter le même domicile familial. Habituellement, lorsque cette formule est retenue, elle est utilisée dans les premiers mois de la séparation.

Des parents ont inventé toutes sortes de moyens pour communiquer ensemble après la séparation et pour éviter les frictions ou les occasions de conflit:

- l'utilisation d'un carnet de bord, faisant état des activités de l'enfant, de ses devoirs et de ses leçons, de ses maladies, de la liste des médicaments prescrits, de ses habitudes, de ses problèmes et de ses plaisirs, etc.;

- l'utilisation du courrier électronique, du courrier postal, d'une boîte vocale;

- le recours à un ami ou à un proche pour agir comme intermédiaire;

- le recours à un médiateur familial pour restaurer ou maintenir une communication directe entre eux.

- l'utilisation d'un lieu neutre pour échanger l'enfant (garderie, école, résidence des grands-parents ou d'un membre de la famille, ressource communautaire, restaurant, station de métro, poste de police, etc.)

## Comment savoir si nous faisons de bons choix?

La meilleure solution est celle que vous deux, les parents, choisirez ensemble. Vous pouvez mettre à l'essai une formule de garde et être attentif à votre situation, à vos réactions, à celles de l'autre parent et à celles de votre enfant.

Sachez que toute formule de garde, qu'elle relève de votre décision ou d'un jugement, peut être modifiée en tout temps avec le consentement des deux parents.

Il est bon de rester souple en cette matière, car les besoins de votre enfant, tout comme les vôtres, évoluent constamment.

Si vous désirez avoir de l'aide pour négocier le partage des responsabilités parentales, vous pouvez en tout temps vous adresser à un médiateur familial accrédité, soit pour négocier une entente lors de votre rupture, soit pour vous aider à réviser votre entente après jugement ou lorsque vous jugez que des changements s'imposent après un certain laps de temps.

### Mythe 4 : «Le père est moins capable de s'occuper d'un jeune enfant que la mère.»

Il est possible que vous ayez entendu cette réflexion à plusieurs reprises depuis la naissance de votre enfant. Elle est courante et malheureusement toujours aussi présente lors d'une séparation, au moment où les parents ont à décider du partage des responsabilités parentales. D'ailleurs, comment la société jugerait-elle la mère d'un jeune enfant de 18 mois si celle-ci n'en réclamait pas la garde principale? Des mères nous ont confié que le fait d'oser proposer une garde partagée était encore vu par certains comme une démission pour la femme ou l'expression d'un trop grand désir de liberté.

Peu importe son âge, un enfant a autant besoin d'un père que d'une mère pour l'affection, l'attention, les conseils, les modèles à suivre, l'autorité et l'affirmation de son identité. On estime aujourd'hui que la présence du père joue un rôle primordial chez l'enfant, et cela dès sa naissance et même durant la grossesse.

Certains pères sont peu engagés auprès de leur enfant avant la séparation et, pour diverses raisons, le deviennent après la rupture; l'enfant est le grand gagnant d'une telle situation. D'autres pères, par contre, démissionnent carrément suite à la rupture. Il y a sans doute une réflexion importante à faire de la part des pères, des mères et de toute la société quant aux facteurs expliquant de tels désistements.

Toutefois, ce qui est fréquent, c'est le réflexe de beaucoup de parents et de la société en général de considérer comme «normal» qu'une mère propose de s'occuper seule des enfants, d'en avoir la garde principale. Et même si la mère avait envie de proposer autre chose, quelle serait la réaction du père et de la société? Ce qui fait dire à plusieurs, encore aujourd'hui, que cela va de soi que les enfants restent avec leur mère quand il y a séparation.

Si on prenait la peine d'écouter ce que les enfants ont à dire à ce sujet! Souvent, ils disent qu'ils souhaitent passer autant de temps avec papa qu'avec maman. Les jeunes enfants, en particulier, ont un souci d'équité pratiquement inné. Pour eux, il faut que ce soit égal: «Je ne peux choisir entre les deux, alors je veux rester avec les deux.»

### Mythe 5 : « L'amour entre beaux-parents et beaux-enfants est instantané ou viendra nécessairement avec le temps. »

Un parent aime son nouveau conjoint qui fait preuve de gentillesse avec ses enfants ; de façon générale, le parent est porté à croire que l'amour s'installera facilement entre eux. Or, la réalité est un peu plus complexe et difficile. Le parent et le nouveau conjoint sont des amoureux ; ils se sont choisis et ont décidé de vivre ensemble. Pour sa part, l'enfant n'a souvent rien choisi de ce qui lui arrive, ni la séparation ni la présence du nouveau conjoint, qui est quelquefois accompagné de ses propres enfants.

Il faut construire la relation entre toutes ces personnes qui forment la nouvelle famille recomposée, et cette construction nécessite temps, énergie et volonté. De plus, il serait aussi sage de ne pas trop attendre, au départ, de cette relation entre beaux-parents et beaux-enfants, car il est possible qu'aucune relation significative ne s'installe entre eux. À cet effet, des enfants qui font part de leur expérience racontent qu'après des mois, voire des années, ils ne pouvaient que TOLÉRER le beau-parent. Dans certains cas, c'était déjà beaucoup.

Faire des ajustements, prendre du temps, faire preuve de tact et de patience, avoir des attentes réalistes, voilà autant de moyens qui permettent le développement de relations harmonieuses entre toutes ces personnes.

### Mythe 6 : « Si l'enfant ne veut pas ou ne veut plus visiter l'autre parent, il vaut mieux lui laisser le choix. »

Plus l'enfant est jeune, plus il réagit à toute séparation physique avec ses parents, sa famille ou ses grands-parents. S'il fréquente la garderie ou un lieu de gardiennage, il peut aussi réagir tout autant au départ quotidien ou périodique de ses parents.

Il arrive que des parents bien intentionnés et ayant la garde de leur enfant se retrouvent dans une situation délicate et inconfortable après quelques mois ou quelques années de séparation : l'enfant fait état de son refus d'aller visiter l'autre parent. Si tel est la cas, soyez vigilant et attentif, et ne sautez pas trop vite aux conclusions. Évitez de chercher un coupable, soyez plutôt ouvert à la recherche de solutions.

Laisser le libre choix à votre enfant d'aller ou non chez l'autre parent quand c'est le temps de le faire est une décision beaucoup trop lourde pour lui. Peu importe le motif qu'il invoque, peu importe son désir, ses impulsions, ses colères ou ses goûts, c'est vous qui devez indiquer à votre enfant la marche à suivre. **Il doit se préparer et se rendre chez l'autre parent**. Si vous hésitez à le faire ou si vous lui laissez prendre la décision, ne serait-ce qu'une seule fois, voici de quelle façon il pourrait interpréter votre réponse.

- Aller chez l'autre parent n'est pas si important que cela.

- Je peux décider de ne pas faire quelque chose qui ne me plaît pas ou qui ne me tente pas.

- Je peux faire plaisir à un parent, et pas à l'autre.

- Je décide, mais après, j'ai des regrets et je me sens coupable.

Peu importe l'âge de l'enfant, celui-ci a besoin de points de repère et de règles claires. Le laisser décider seul et ne rien faire n'est pas une pratique à adopter pour un parent, en cette matière tout particulièrement. Si vous prenez les décisions et maintenez le cap, il se sentira en sécurité, même si, sur le moment, il peut pleurer, frapper, crier ou même vous menacer : « Je ne t'aime plus parce que tu m'obliges... » Vous agissez pour son bien et son équilibre, il vous en sera reconnaissant plus tard.

Évidemment, votre enfant peut avoir de bonnes raisons d'hésiter ou de ne pas vouloir se rendre chez l'autre parent. En voici quelques-unes :

- l'arrivée d'un nouveau conjoint ou d'une nouvelle conjointe ;
- l'arrivée de nouveaux enfants ;
- un milieu étranger ou nouveau ;
- des règles plus strictes ;
- l'absence d'amis ;
- l'ennui.

Dans ce cas, maintenez la visite prévue. Mais n'hésitez pas à entamer rapidement le dialogue avec l'autre parent. Si la communication directe n'est pas possible ou s'avère très difficile, vous pouvez obtenir l'aide d'un médiateur familial.

Le refus de votre enfant ou son hésitation à visiter l'autre parent peut être un caprice passager, mais cela peut aussi révéler un malaise face à un nouveau milieu ou à un changement au sein de ce milieu. C'est pourquoi la discussion entre parents séparés est nécessaire pour mieux comprendre ce qui se passe et rassurer votre enfant s'il y a lieu. Si des changements sont nécessaires dans l'horaire ou dans la fréquence des contacts, il vous sera alors possible de faire les aménagements requis. Si l'autre parent refuse tout dialogue avec vous ou en présence d'un médiateur, vous pouvez alors vous adresser à un conseiller juridique pour explorer d'autres avenues dont celle de saisir le Tribunal.

En général, les adolescents ne se gênent pas pour vous faire connaître leurs besoins de respect et de souplesse en ce qui a trait à leurs sorties, à leurs amis et à leur gestion du temps. Votre attitude doit être différente s'il s'agit d'un adolescent qui demande le report ou l'annulation d'une visite chez l'autre parent. En effet, à l'adolescence, beaucoup de parents invitent leur adolescent à transiger directement avec le parent concerné, ce qui est fort adéquat et ce qui soulage les parents d'une tâche ingrate. Les adolescents apprécient cette responsabilité. Ils sont particulièrement reconnaissants pour la souplesse démontrée par le parent lors des négociations.

### *La parole de l'enfant: silencieuse, spontanée, dirigée, censurée*

Lorsqu'il y a séparation, le monde de l'enfant s'écroule. Bien souvent, celui-ci fait face à des défis et des responsabilités accrues, ce qui le fait évoluer plus vite que les autres. Membre à part entière d'une famille en transition, il a besoin d'être entendu et respecté dans son silence, sa tristesse, sa colère, sa frustration et sa peur de l'abandon. De plus, il est important qu'il vive sa vie d'enfant et qu'on lui laisse, entre autres choses, une part d'insouciance et de rêves.

Bon nombre de parents ne peuvent pas toujours, malgré leur bonne volonté, décoder ou aider l'enfant à s'exprimer. Souvent l'enfant n'ose pas parler, même si un parent aimant l'invite à le faire, car il craint de lui faire du mal, de l'inquiéter ou de susciter davantage de colère contre l'autre parent.

Lorsque vous informez votre enfant de votre décision de rompre, soyez attentif à ses réactions. Dans votre évaluation, tenez compte de sa personnalité, de ses qualités, de ses difficultés, de tout ce qui existait avant, pour mieux comprendre ce qui se passe maintenant. Par exemple, un enfant turbulent, actif et extraverti depuis la naissance risque d'avoir les mêmes comportements au moment de la rupture et dans la période qui suivra cet événement; à noter que ces comportements seront probablement amplifiés pendant un certain temps et que vous aurez besoin de plus de patience et d'énergie. Au contraire, si ce même enfant turbulent devient introverti, calme et inactif après la séparation, vous devrez également lui porter une attention particulière.

Des enfants qui réussissent bien à l'école risquent de développer des problèmes de comportement ou d'inattention, ce qui peut entraîner une baisse dans leur rendement scolaire. Nous avons aussi croisé des enfants qui, en apparence, ne présentaient ni signe de difficulté ni problème. Bien sûr, ils avaient pleuré un peu ou rouspété lors de l'annonce de la séparation mais depuis, rien de négatif à signaler.

Nous avons tenté de classer en différentes catégories les réactions les plus courantes chez les enfants. Peut-être y reconnaîtrez-vous le vôtre ? D'autre part, si votre projet de rupture est en route, cela pourra peut-être vous aider à mieux décoder les réactions futures de votre enfant.

### L'enfant-gorille

Vous imaginez déjà la scène : un petit gorille en colère. Votre enfant pique des crises, il veut tout casser sur son passage, il lance des jouets, il frappe ses frères et sœurs, il se dispute souvent à l'école avec ses camarades, il a aussi tenté de vous frapper... Ouf! C'est vraiment très difficile.

Ce comportement est typique chez les jeunes enfants et, en particulier chez les garçons, entre 4 et 7 ans. L'enfant de 8 à 12 ans peut aussi exprimer sa colère, surtout à celui qui a pris l'initiative de la séparation, mais il se contrôlera mieux et pourra même feindre le calme et afficher une certaine assurance. S'il est en colère, il utilisera davantage la parole, refusera d'exécuter certaines tâches ou contestera certaines règles établies.

## L'enfant-crocodile

D'autre part, il y a les enfants en proie à des crises de larmes intenses et fréquentes, à la maison comme à l'école. À certains moments, ils sont même inconsolables. Ils ont du chagrin et des fantaisies de réconciliation. Ils croient que seule la réconciliation des parents peut mettre fin à leur peine. Il est toujours difficile pour un parent de voir pleurer son enfant, d'autant plus que la cause du chagrin est une décision parentale, conjointe ou subie par l'un des parents.

Ces pleurs peuvent vous culpabiliser davantage et même provoquer une remise en question de la décision de rupture. Mais si vous maintenez votre décision, sachez que souvent après la pluie revient le beau temps. Cela est d'autant plus vrai que l'enfant restera en contact avec ses deux parents et qu'une certaine routine s'installera dans chacun des milieux.

## L'enfant-huître ou... la petite bombe à retardement

Après la séparation, certains enfants se referment davantage, s'isolent et se retirent, tant à l'école qu'avec leurs amis et leurs parents. Ce sont de petites huîtres. Pour les aider à s'exprimer, il faut les apprivoiser et les approcher tout doucement. Souvent, la parole n'est pas leur moyen d'expression favori. Lorsque la petite huître en aura trop sur le cœur ou lors d'un événement marquant dans sa vie, elle s'ouvrira et quelquefois elle explosera.

Nous avons en mémoire des enfants qui, lors de la rupture, n'ont pratiquement pas réagi, selon les parents; ils ont à peine versé quelques larmes. Puis, le temps a passé, ils avaient de bonnes notes à l'école et aucun problème de comportement. Un beau jour, ça éclate! Des enfants ont même parlé de mourir, tellement ils avaient mal. Ces situations se présentent souvent lors de l'annonce du remariage d'un parent, de la recomposition

de la famille, de la naissance d'un nouvel enfant, de la perte de contact avec un parent, de la mort ou la disparition de l'animal favori, de la perte d'un être cher. Quand une pareille explosion se produit, les deux parents ont besoin de toutes leurs énergies pour aider l'enfant. Dans ces circonstances, ceux-ci gagnent à s'entraider et, au besoin, à consulter un professionnel.

### L'enfant toutes catégories

Tout enfant réagit à la séparation de ses parents avec des larmes, de la colère, de l'angoisse, des inquiétudes face à sa vie présente et à son avenir et, dans 10 pour cent des cas, avec soulagement. Les moyens qu'il prend pour s'exprimer ou pour intérioriser lui appartiennent. Vous gagnerez beaucoup en observant tous les petits changements qui se produisent et que vous êtes seul à pouvoir percevoir. Par la suite, l'enseignant ou le personnel de la garderie pourront sans doute vous aider à dresser un tableau plus complet des réactions et, par conséquent, des besoins de votre enfant. Dans tous les cas, avant de vous faire une opinion définitive sur les besoins ou les demandes de l'enfant, prenez le temps de consulter l'autre parent. Si cela vous est trop difficile, n'hésitez pas à demander l'aide d'un tiers, qu'il s'agisse d'un médiateur ou d'un thérapeute.

## *Quels sont les besoins de tout enfant lors d'une rupture ?*

L'enfant a besoin :
- d'être préparé à toutes les transitions familiales (sépa-ration, recomposition, déménagement, nouvelle fratrie, changement de garde, modification de l'accès à l'autre parent, etc.) ;
- d'être informé au premier chef de ce qui le touche dans sa vie ;

- d'aimer librement les deux parents ;
- d'avoir des contacts réguliers et fréquents avec chacun de ses parents, avec ses grands-parents et sa famille élargie ;
- d'exprimer ses émotions ;
- d'être mis à l'écart du conflit de ses parents ;
- d'être respecté dans son rôle d'enfant, de ne pas être le confident des parents ni le premier responsable de l'organisation à la maison ;
- de garder une certaine intimité physique et affective avec chacun des parents ; cela signifie hors la présence continuelle des nouveaux conjoints et de leurs enfants ;
- d'être assuré de l'amour de ses parents à chaque transition familiale ;
- de souplesse et d'organisation ; les contacts avec l'autre parent sont prévisibles et réguliers, mais les parents font preuve de souplesse à l'occasion ;
- d'être respecté dans ses besoins de stabilité, c'est-à-dire de maintenir pour l'enfant, autant que faire se peut, une stabilité sur les plans scolaire, social et familial.

### Que faire pour aider ou soutenir votre enfant ?

Peu importe ce que votre entourage ou des professionnels peuvent vous dire, vous êtes, en tant que parents, les personnes les plus importantes pour votre enfant, celles qui le connaissent le mieux et, par voie de conséquence, celles qui sont les plus aptes à intervenir. La première chose à faire consiste à lui dire la vérité et à préparer l'enfant à l'événement. Puis soyez très attentifs aux petits changements d'attitudes ou de comportements ; plus vous le serez, mieux vous pourrez réagir. Rappelez-vous que le jeune enfant ne s'exprime pas nécessairement par la parole; il peut aussi le faire avec son corps, par le dessin ou en jouant. Plus âgé, il peut aussi avoir recours à l'écriture.

L'enfant est un créateur naturel. Le dessin, par exemple, est pour certains enfants un moyen d'expression qui donne plus facilement accès à son monde intérieur. Il peut être un outil puissant pour vous rendre sensible à sa souffrance ou à son plaisir. En dessinant, l'enfant peut aussi libérer ses émotions fortes.

D'autres enfants se libèrent par l'expression dramatique, le théâtre, avec ou sans marionnettes. Cette forme d'expression fait appel à l'imaginaire des enfants. À partir d'un court scénario, inventé par eux ou les parents, ils s'expriment. Les jeux de rôle font partie de leurs inventions quotidiennes; les tout-petits, en particulier, adorent jouer au papa et à la maman, au docteur ou au professeur. Les enfants plus âgés, ceux de 10-11 ans, peuvent jouer «aux parents séparés». Certains préfèrent l'écriture; alors, pourquoi ne pas leur proposer d'écrire ce qu'ils ressentent, veulent ou désirent. Par son action créatrice, l'enfant apprend à connaître et à reconnaître ses sentiments.

Il existe aussi des petits livres spécialement conçus pour les enfants de parents séparés (voir les Ressources, en page 149). Les enfants qui aiment la lecture les apprécient beaucoup, car ils se reconnaissent souvent au fil de l'histoire. Les enfants plus âgés, particulièrement les ados, peuvent se livrer directement aux deux parents ou à l'un d'entre eux ou à une personne de confiance (professeur, oncle, tante, cousin, meilleur ami, etc.). Il faut choisir le bon moment pour recueillir des confidences.

Enfin, peu importe l'âge de votre enfant, il faut avoir à l'esprit la possibilité de consulter une ressource extérieure, qu'il s'agisse d'un médiateur familial, d'un groupe d'entraide pour enfants de parents séparés, d'une ligne téléphonique pour les

Chers parents,
J'aimerais que vous ne vous chicaniez pas
et que vous reveniez ensemble.
Et que vous pour ne prenniez par une blond
Ce n'est pour ne chamane, c hristina
ou un chamane.

Christina

jeunes, d'un organisme communautaire œuvrant auprès des familles séparées ou d'un centre local de services communautaires.

## L'utilité d'un groupe d'entraide et de soutien pour enfants de parents séparés

Au cours de la dernière décennie, des professionnels ont
mis en place des groupes d'entraide et de soutien pour enfants
de parents séparés. Certains CLSC — malheureusement trop
peu — ont développé et maintenu ce service soit au sein de
leur organisme, soit au sein d'une école primaire.

À Montréal par exemple, en 1992, le Service d'expertise et
de médiation a mis sur pied le Groupe Confidences dont les
objectifs sont d'aider l'enfant à : 1) reconnaître ses sentiments ;
2) exprimer ses émotions (colère, tristesse, culpabilité, agressivité) ; 3) vivre certaines émotions dans un lieu neutre et
accueillant ; 4) résoudre des problèmes personnels et familiaux ;
5) dire à ses parents ce qu'il ressent ; 6) sensibiliser ses parents
à ses besoins ; 7) partager ce qu'il vit avec d'autres enfants qui
sont dans la même situation.

> **Il ne s'agit pas d'agir à la place des parents, mais d'offrir
> à l'enfant un lieu neutre où il peut, entre autres choses,
> exprimer ce qu'il ressent et vivre certaines émotions.**

L'évaluation de ce programme[1] a permis de mettre à jour
les deux éléments qui aident le plus l'enfant. Ce sont :

- la rencontre, l'écoute et la recherche de solutions avec
  d'autres enfants de parents séparés ;

---

1. Rapport d'étude de l'appréciation des parents et des enfants, bénéficiaires
du groupe Confidences, Pascal Vallant, septembre 1999, rapport non publié.
Cette étude couvre la période de 1992 à 1999.

- l'écoute et l'empathie d'une personne qualifiée n'ayant pas de lien affectif avec l'enfant. En effet l'enfant en colère contre l'un de ses parents ne craint pas, en s'exprimant, de faire de la peine ou d'exacerber la colère de l'un de ses parents ou des deux. Parler de sa tristesse et de ses craintes avec un « étranger » l'incite à se livrer, sans peur de perdre l'affection d'un parent.

Après avoir exprimé son sentiment à l'état « brut », l'enfant profite de l'aide des autres enfants et de l'animateur pour parvenir à parler à ses parents directement. Prenons l'exemple de Chloé, 9 ans, qui disait au cours d'une session de groupe : « J'haïs la blonde de mon père. » Grâce à une série de questions et à une petite pièce de théâtre où elle jouait le rôle de l'enfant en colère contre la blonde de son père, on a compris que ce n'était pas la blonde, mais la situation qui lui était insupportable. En effet, Chloé se plaignait que cette dame prenait trop de place sur le canapé, qu'elle était toujours collée à son père ou en train de le bécoter alors qu'elle-même n'avait même plus de place pour s'asseoir sur le fameux canapé.

Aidée par les autres enfants et soutenue par l'animateur, Chloé a compris ce qu'elle devait dire à son père. Voici le message qu'elle lui a transmis : « Papa, ta blonde est bien gentille, mais j'aimerais avoir une place sur le canapé à côté de toi ». De plus, Chloé a été capable de dire à son père qu'il était important qu'il passe du temps seul avec elle ; le père a compris le message.

Dans le cadre du Groupe Confidences [2] (voir aussi en annexe « Les activités du Groupe Confidences », page 145) et au cours

---

2. Si vous croyez que votre enfant peut bénéficier d'une telle ressource, contactez le CLSC de votre région, ou le travailleur social ou le psychologue rattaché à l'école qu'il fréquente.

de ma vie professionnelle, j'ai rencontré des centaines d'enfants et, à chaque fois, j'ai été ébahie de les voir s'ouvrir sous l'effet d'une attention chaleureuse et bien intentionnée. Certains adultes ont tendance à minimiser les difficultés qu'éprouvent les enfants lors de la séparation de leurs parents, sous prétexte qu'il y a de plus en plus de divorces, que l'enfant est moins marginalisé qu'avant et que la société est mieux organisée pour répondre à ses besoins. Ils ont tort.

> Qu'il y ait un plus grand nombre de divorces, cela ne signifie pas nécessairement qu'il y a davantage de services destinés à l'enfance et moins de chagrin pour l'enfant qui vit la rupture.

## Comment interpréter la parole de mon enfant?

L'âge, le stade de développement, le lien établi avec l'adulte qui recueille la parole, et les circonstances, voilà autant de facteurs à considérer dans l'interprétation de toutes les paroles d'un enfant. En effet, lors de la séparation ou de la recomposition familiale, l'enfant est en « déséquilibre temporel »; il n'a plus ses repères, il est angoissé et triste, il a peur, il craint de faire de la peine, il veut conserver votre affection, etc. Il peut alors vous dire ce qu'il pense qu'il faut vous dire dans les circonstances. De plus, tout adulte qui interroge l'enfant peut, par le choix de ses questions et la manière de les poser, obtenir la réponse qu'il désire. La prudence est donc de rigueur.

Que dit l'enfant qui pleure et s'agrippe à sa mère le vendredi soir au moment de la quitter pour aller chez son père? Interrogé par sa mère, il peut répondre: « Je ne veux pas aller chez papa. » Cela est vrai, mais mérite d'être reformulé: « Je n'ai pas

ÇA PASSE OU ÇA CASSE !

envie de me séparer de toi, maman, et d'aller chez papa.» Pour
sûr, si cet enfant avait le choix, il aimerait passer le week-end
avec ses deux parents. Un autre enfant dira: «Je n'aime pas le
nouvel ami de ma mère.» Si on converse davantage avec cet
enfant, on apprend que l'enfant accepterait mieux les punitions
données par sa mère que par le nouveau conjoint de sa mère.

Un autre enfant s'exprime ainsi: «J'aimerais mieux aller
vivre avec ma mère.» Sur la base de ce souhait, certains parents
peuvent vouloir négocier avec l'autre parent un changement
de garde ou, à défaut, s'adresser au tribunal. Mais on a intérêt
à bien comprendre la parole de l'enfant si on veut réaliser le
motif qui l'anime: demande bien fondée, désir de vivre avec le
parent le plus permissif, souhait de vivre avec un parent parce
qu'il s'inquiète de la santé de ce parent, etc.

En bref, recueillir la parole d'un enfant, c'est d'abord et
avant tout poser un geste de sincérité et de disponibilité qui
doit être dissocié de tout désir de vengeance, de compétition
ou de rancœur face à l'autre parent. Il importe évidemment
d'éviter de sauter aux conclusions et de prendre le temps de
parler de la situation avec l'autre parent ou de s'adresser à un
médiateur familial si la communication directe entre les deux
parents est difficile. Il est fortement recommandé d'avoir recours
à la médiation avant de déposer une procédure à la Cour.

### En résumé

- L'enfant n'exprime pas nécessairement ses sentiments
  à ses parents lors de la séparation, non par manque de
  confiance ou d'amour mais pour les protéger et pour se
  protéger.

- Un enfant s'exprime par la parole, le silence, l'action,
  l'inactivité ou l'hyperactivité.

Je t'aime Papa

Je t'aime Mama

de Raphaël

- Vous pouvez offrir à votre enfant des occasions de s'exprimer par le dessin, le théâtre, les jeux de rôles ou l'écriture, en tenant compte de ses goûts et de ses préférences.

- N'hésitez pas, si une telle ressource existe dans votre région, à l'inscrire à un groupe d'entraide et de soutien pour les enfants de parents séparés.

- Les enfants ont besoin de temps pour s'adapter.

- Les parents sont les mieux placés pour comprendre et intervenir; ils peuvent recourir, au besoin, à une ressource d'aide et de soutien pour eux et pour leurs enfants.

- La meilleure modalité de partage des responsabilités parentales est celle que les deux parents choisissent en tenant compte des besoins et des capacités de leur enfant.

- S'il est difficile pour un parent de communiquer directement avec l'autre parent, il peut recourir à d'autres moyens tels que l'écriture ou un intermédiaire. Il peut aussi faire appel à un médiateur familial.

- Un enfant, peu importe son âge, a autant besoin de son père que de sa mère.

- La parole de l'enfant doit être entendue, « décodée » et interprétée avec prudence; n'hésitez pas à contacter l'autre parent pour vérifier certains faits.

# Conclusion

▼

Notre objectif premier a été d'offrir des renseignements aux parents en voie de rupture ou déjà séparés, afin de les aider à garder espoir et à mettre le cap sur la recherche de solutions. Il est vrai qu'aujourd'hui les ruptures sont plus fréquentes, mais les hommes et les femmes n'ont pas cessé d'aimer, de décrocher des rêves, de créer et de dénouer des liens. C'est le grand cycle de la vie familiale.

Au milieu de tous ces changements qui affectent la famille, une chose est certaine : l'affection d'un parent envers son enfant traverse le temps et permet de braver bien des tempêtes. L'amour des parents est sûrement l'élément le plus important pour aider l'enfant à s'adapter à la séparation. Il en est de même pour chacun des parents. Être aimé, donner et recevoir l'affection de son enfant, alors que le mariage ou l'union conjugale est en faillite, c'est souvent cela qui permet aux parents de continuer malgré la tourmente.

L'autre élément, tout aussi fondamental, consiste à pouvoir compter sur l'autre parent. L'enfant a besoin de ses deux parents et de deux modèles différents, et chacun des parents a aussi besoin du complément que représente l'autre parent.

Outre l'information, nous avons voulu aussi mettre à profit l'expérience et les leçons apprises par beaucoup de parents et d'enfants qui ont vécu et « survécu » à ce bouleversement qu'est la séparation. Ceux-ci vous diront que la rupture a été une source incroyable de dépassement, les obligeant à puiser dans des ressources inconnues jusque-là.

Que trouve-t-on au bout de ce couloir qu'est la séparation ? De la lumière et deux maisons, souvent fort différentes quoique complémentaires. Habiter deux maisons, cela signifie souvent pour l'enfant avoir deux « chez moi » qui sont aussi importants l'un que l'autre.

Derrière le blâme, la colère, la peine et la frustration, les conjoints, devenus des « ex », ont le cœur meurtri, mais ils ont été capables de se remettre sur pied et de panser leurs blessures. Ils sont encore capables d'aimer et l'amour de leur enfant est non seulement toujours présent mais encore plus grand.

Avec le temps... ils vous diront que la peine ne s'efface pas, mais qu'elle s'atténue. De plus, l'intensité et la multiplicité des changements auront été pour plusieurs une source de croissance.

Si vous doutez ou si vous avez douté, à un moment donné, de votre décision de rupture, sachez que d'autres l'ont fait avant vous. Sachez aussi que vous avez pris ou que vous prendrez la décision qui vous semble la meilleure à un moment donné. Douter et continuer d'avancer, accepter de se tromper, inventer et recommencer, voilà quelques-unes des leçons qu'ont apprises les parents et les enfants dont nous avons croisé la route. Message d'espoir et d'amour, pour continuer à créer des familles nouvelles.

# Annexes

# La répartition des familles québécoises selon la structure parentale*

▼

| Type de familles | pour cent | Nombre moyen d'enfants |
|---|---|---|
| Intactes | 73,6 | 1,95 |
| **Monoparentales (total)** | **17,8** | **1,7** |
| Monoparentales mère | 14,6 | |
| Monoparentales père | 3,2 | |
| **Recomposées (total)** | **8,6** | **1,85** |
| recomposées mère | 6,3** | |
| recomposées père | 1,4** | |
| **Total** | **100,0** | |

* Source: Adaptation des données tirées de MFE. *Un portrait statistique des familles et des enfants au Québec*. Québec, ministère de la Famille et de l'Enfance, en collaboration avec le Conseil de la famille et de l'enfance et le Bureau de la statistique du Québec, 1999, pp. 82 et 83.

**Estimation tirée de CLOUTIER, R., CHAMPOUX, L., JACQUES, C. ET LANCOP, C. *Ados, familles et milieux de vie*, Enquête québécoise menée dans le cadre de l'Année internationale de la famille. Québec, Université Laval, Centre de recherche sur les services communautaires, 1994.

Ce tableau fournit la répartition des adolescents québécois selon le type de famille dans laquelle ils vivent. On y observe que 70 pour cent des jeunes vivent avec leurs deux parents biologiques tandis que l'autre 30 pour cent se répartit dans les diverses catégories de familles réorganisées.

La probabilité qu'un enfant vive la séparation de ses parents augmente avec l'âge: la proportion d'adolescents dont les parents sont séparés est plus grande que celle d'enfants d'âge préscolaire, chaque année amenant son lot de ruptures. À ce sujet, les démographes ont cependant observé que la séparation des parents survient de plus en plus jeune dans la vie des enfants parce que la durée de vie des couples a tendance à diminuer. Le type d'union parentale influence aussi la probabilité de vivre une séparation: aujourd'hui, plus de 60 pour cent des jeunes de 18 ans nés de parents vivant en union libre avaient vécu une séparation, comparativement à 14 pour cent pour les jeunes issus de couples mariés n'ayant pas cohabité avant leur mariage[1].

*Richard Cloutier*

---

1. MARCIL-GRATTON, N. ET LE BOURDAIS, C. *Garde des enfants, droits de visite et pension alimentaire: résultats tirés de l'Enquête longitudinale nationale sur les enfants et les jeunes* (ELNEJ). Rapport présenté au Ministère de la Justice du Canada (rapport no CSR-1999-3F), 1999.

## ANNEXE 2

# L'ÉVOLUTION DES FORMULES DE GARDE APRÈS LA SÉPARATION

▼

Dans une étude longitudinale menée à Québec, nous avons suivi, pendant plus de quatre ans, 148 enfants et adolescents de familles séparées pratiquant l'une ou l'autre des trois catégories de formules de garde[1]. Nous ne disposons pas ici de l'espace suffisant pour aller dans le détail des résultats, mais nous pouvons quand même présenter les grandes tendances qui ont été identifiées dans cette étude menée en trois périodes séparées par des intervalles de deux ans.

Lors de la première mesure (Temps 1 ou T1), il s'était écoulé en moyenne 5,8 ans depuis la séparation des parents et l'âge moyen des enfants était de 12,9 ans. Cette première mesure a été répétée deux ans plus tard, au Temps 2 (T2) et, deux ans plus tard encore, elle a été reprise une troisième fois au Temps 3 (T3).

---

1. DROLET, J. ET CLOUTIER, R. L'évolution de la garde de l'enfant après la séparation des parents. *Santé Mentale au Québec*, 1992; 17, 31-54. COUTURE, B. L'évolution de la garde résidentielle après la séparation : un suivi sur quatre ans. Québec, École de psychologie, Université Laval, Mémoire de maîtrise non publié, 1995. CLOUTIER, R. ET JACQUES, C. The evolution of residential custody: a longitudinal study. *Journal of divorce and remarriage*, 1997; 28, 17-33.

## Répartition des 148 sujets de Couture et Cloutier (1995) selon la formule de garde et le temps de l'étude

| Formule de garde | pour cent d'enfants de l'échantillon au Temps 1 | pour cent au Temps 2 (deux ans après T1) | pour cent au Temps 3 (quatre ans après T1) |
|---|---|---|---|
| Garde à la mère | **32,4** (48)* | **40,5** (60) | **27,7** (41) |
| Garde au père | **27,0** (40) | **31,8** (47) | **26,4** (39) |
| Garde partagée | **40,5** (60) | **24,3** (36) | **14,9** (22) |
| Vit en appartement | **0** (0) | **3,4** (5) | **31,3** (46) |

*Les chiffres entre parenthèses correspondent au nombre d'enfants sur le total de 148

Ce tableau présente la répartition des enfants en fonction de la formule de garde aux trois temps de l'étude. Lors de la première mesure (T1), 32,4 pour cent de l'échantillon vivait en garde à la mère, 27,0 pour cent en garde au père et 40,5 pour cent en garde partagée. Évidemment ces proportions ne représentent pas la répartition des formules rencontrée dans la population, les deux derniers types étant nettement sur-représentés dans l'échantillon. Deux ans plus tard, au temps 2 (T2), les proportions étaient de 40,5 pour cent en garde à la mère, de 31,8 pour cent en garde au père et de 24,3 pour cent en garde partagée. Ce suivi sur deux ans a permis de faire les observations suivantes :

1) environ 7 enfants sur 10 ne changent pas de formule de garde, mais près de la moitié des jeunes vivant en garde partagée au départ ont changé par la suite ;

2) les enfants plus jeunes sont plus sujets à changer que les plus âgés;

3) en garde au père, les filles ont davantage tendance à changer comparativement aux garçons;

4) les filles qui changent vont surtout vivre avec leur mère tandis que les garçons se distribuent plus également entre leur mère et leur père;

5) avec le temps, on observe globalement une polarisation vers la garde exclusive: moins de parents sont engagés dans la garde de leur enfant au temps 2 comparativement au temps 1.

---

**Peu à peu, on observe globalement une polarisation vers la garde exclusive: moins de parents sont engagés dans la garde de leur enfant.**

---

Pourquoi les enfants en garde partagée sont-ils plus susceptibles de changer de formule de garde que les autres? Ne s'agit-il pas de la formule qui est perçue comme la plus satisfaisante par les jeunes? Plusieurs facteurs peuvent entrer en ligne de compte.

D'abord, il y a les difficultés pratiques que l'alternance de domicile impose, aux parents comme aux enfants. Il s'agit d'un arrangement qui requiert un niveau élevé de souplesse et de pragmatisme. Cette formule est peut-être aussi plus sensible aux changements qui surviennent dans la vie des parents, comme un nouveau lieu ou un nouvel horaire de travail, un déménagement ou une recomposition familiale. Du côté des enfants, nous avons observé qu'à mesure qu'ils vieillissent, ils tendent à faire ralentir le rythme entre les deux domiciles parentaux: l'alternance hebdomadaire du début passe souvent aux deux semaines ou même au mois. Dans certains cas, à l'adolescence notamment, le partage se fait sur une base annuelle (un an chez le père puis retour chez la mère), ce qui donne lieu à une garde exclusive selon nos critères, même si les parents vivent un partage à long terme. Enfin, la garde partagée est probablement la formule où le changement est le plus facile à réaliser, les deux parents étant déjà engagés dans la garde.

La distanciation fréquente du parent non gardien en garde exclusive est un obstacle important qui n'existe pas en garde partagée. Fait intéressant à noter, dans les cas où la garde partagée se transforme en garde exclusive, le parent qui devient « non gardien » continue de s'engager significativement plus que ceux des autres formules qui jouent ce rôle, comme si le partage avait créé une habitude d'engagement qui solidifie le lien parental.

> **Dans certains cas, à l'adolescence notamment, le partage se fait sur une base annuelle (un an chez le père puis retour chez la mère), ce qui donne lieu à une garde exclusive selon nos critères, même si les parents vivent un partage à long terme.**

Revenons maintenant au temps 3 de notre étude longitudinale, c'est-à-dire quatre ans après la première mesure. À ce moment, la garde à la mère retient 27,7 pour cent des sujets, la garde au père 26,4 pour cent, la garde partagée 14,9 pour cent et 31,3 pour cent des jeunes vivent en appartement. Entre T1 et T3, sur quatre ans donc, 64,9 pour cent des enfants vivent un changement de formule de garde (96 jeunes sur 148). Trente-trois des 48 enfants vivant avec leur mère au temps 1 changent de formule de garde : cinq s'en vont vivre avec leur père, deux vont en garde partagée et les 26 autres vivent en appartement. Des 40 enfants qui étaient en garde au père au début, 21 changent de formule après quatre ans : huit vont avec leur mère, deux en garde partagée et 11 en appartement. Enfin, parmi les 60 jeunes qui étaient en garde partagée au temps 1, 42 ont changé de formule au temps 3 : 15 se retrouvent en garde au père, 18 en garde à la mère et neuf en appartement.

> **Dès qu'ils en ont l'occasion, une forte proportion des jeunes vivant une garde exclusive, surtout la garde à la mère, s'en vont vivre en appartement et cette tendance est significativement plus marquée chez les filles.**

Une des tendances fortes qui se dégage ici correspond au mouvement vers la vie en appartement. Ce phénomène, qui ne concerne que des jeunes qui ont atteint l'âge de 18 ans, est plus marqué en garde à la mère : 78,8 pour cent de ceux qui changent vont vivre en appartement comparativement à 52,4 pour cent pour les jeunes issus de la garde au père et 21,4 pour cent pour les enfants initialement en garde partagée. Cela veut dire que dès qu'ils en ont l'occasion, une forte proportion des jeunes vivant une garde exclusive, surtout la garde à la mère, s'en vont vivre en appartement. Ce phénomène est plus marqué chez les filles que chez les garçons, même en tenant compte du plus grand nombre de filles vivant avec leur mère au départ. Quels sont les enjeux de cette émancipation précoce pour le développement du jeune ? Dans quelle mesure les risque de pauvreté, de grossesse précoce, de décrochage scolaire sont-ils favorisés par cet éloignement rapide de la cellule familiale ? Si l'on prend en compte le manque de ressources vécu par la famille monoparentale, il est plausible de croire que celle-ci ne peut qu'apporter un soutien limité à la jeune adulte de 18 ans qui fonde son propre foyer, souvent avec son ami de cœur.

*Richard Cloutier*

# LES ACTIVITÉS DU GROUPE CONFIDENCES (CENTRES JEUNESSE DE MONTRÉAL)

▼

Voici, à l'intention des parents intéressés à en savoir davantage sur ce type d'initiative, un aperçu des activités du Groupe Confidences qui s'adresse particulièrement aux enfants de 6 à 10 ans. Il est à noter que des enfants un peu plus jeunes (5 ans) ou un peu plus vieux (11 ans) y ont participé et en ont retiré des bénéfices.

## Le déroulement des rencontres

Les rencontres sont planifiées avec le souci de créer une ambiance qui favorise la liberté d'expression, tout en respectant le retrait, la gêne, l'embarras et le rythme personnel de l'enfant. Un enfant n'est jamais obligé de parler ou de participer à une activité.

Dans cette perspective, l'essentiel du rôle des animateurs consiste à soutenir, à respecter et à encourager l'enfant à exprimer sa réalité par le dessin, le théâtre, le jeu de rôle, la parole ou le silence.

Les principales tâches de l'animateur consistent à créer et à conserver un climat favorisant une expression libre ; à inciter l'enfant à respecter ce que lui-même et les autres enfants font et présentent ; à l'encourager à communiquer sa réalité, ses préoccupations, ses centres d'intérêt, ses petits bonheurs et ses malheurs.

Les activités nécessitent peu de matériel, elles sont accessibles aux enfants de 6 à 10 ans et ne demandent pas de compétences particulières. On utilise du papier et des crayons, ainsi qu'un tableau et des craies pour des jeux, de l'écriture et du dessin. Le local est aménagé pour que l'enfant puisse faire une activité individuelle ou collective, selon son état du moment et son rythme d'intégration.

Une période de détente de 15 minutes est prévue à chaque rencontre. Cette période joue un rôle crucial, ce qui avait été sous-estimé au départ. Les enfants apprécient ce moment de détente pour plusieurs raisons :

- ils mangent de bonnes choses ;
- ils ont du plaisir à se raconter des histoires, des blagues ;
- ils parlent de leurs projets (l'école, les amis, les animaux préférés, les parents) ;
- ils se comparent, se consolent et tissent des liens d'amitié.

### Les activités

Les deux activités principales sont le dessin et l'expression dramatique. Le dessin est facile d'accès pour l'enfant qui peut ainsi exprimer son monde intérieur, laisser libre cours à son imagination et permettre l'émergence de certains sentiments. Le dessin crée aussi des occasions de partage et de valorisation. Il permet à l'enfant de connaître, de nommer et d'exprimer ses sentiments sous différentes formes et couleurs. Par le dessin, l'enfant parle de sa colère, de sa joie, de sa culpabilité, ce dont il peut ensuite discuter avec les autres. L'enfant se rend compte alors qu'il n'est pas seul à vivre ces sentiments.

On reconnaît de plus en plus les effets cathartiques[1] bien-faisants de l'expérimentation et de l'exploration affective que peut susciter l'expression dramatique (jeu de rôle, théâtre, marionnettes). Les jeunes enfants y trouvent un moyen d'ex-pression et d'apprentissage social très familier, les jeux de rôle faisant partie de leurs inventions quotidiennes. En général, les enfants adorent faire du théâtre. Certains enfants ne jouent pas (ils sont rares), mais s'avèrent d'excellents spectateurs.

## La dernière rencontre

À l'occasion de la dernière rencontre, les enfants sont invités à faire un bilan sous la forme d'une lettre collective destinée aux parents. Ils sont aussi invités à faire un dessin pour papa et maman ; il s'agit d'une production libre qui constitue un message sur la séparation, adressé à leurs parents. Les deux parents sont présents et habituellement leur présence est un très beau cadeau pour l'enfant.

Cette dernière rencontre se déroule bien, malgré certaines appréhensions des enfants et des parents. En effet, dans chaque groupe, il y a toujours un ou deux enfants qui craignent que la rencontre de leurs deux parents ne devienne une occasion de dispute. Certains parents éprouvent aussi un malaise en présence de l'autre, mais acceptent de venir pour répondre au désir de leur enfant.

Les parents sont le plus souvent accueillis avec chaleur, affection et enthousiasme par leurs enfants. La présentation des dessins et la lecture de la lettre collective sont des mo-ments chargés d'émotion, de plaisir et de tristesse. Les parents se montrent exceptionnellement réceptifs, même devant les

---

1. La catharsis est une méthode psychothérapeutique qui repose sur la décharge émotionnelle liée à l'extériorisation du souvenir d'événements traumatisants et refoulés.

remontrances et les blâmes de leurs enfants. C'est une belle occasion pour eux de redire à leurs enfants leur amour et de leur communiquer directement un message d'espoir et d'affection.

Après avoir entendu la parole de leurs enfants, les parents sont invités à répondre sous la forme d'une lettre collective. Il s'agit pour eux d'une occasion d'échange, d'entraide et de soutien. Au terme de cette production, un parent fait lecture de la lettre aux enfants. Ceux-ci se montrent très attentifs et silencieux durant la lecture, se tenant généralement très près des parents ou assis entre les deux.

Les lettres se suivent et se ressemblent, qu'il s'agisse de celles des enfants ou des parents. On y parle d'amour et de peine, des besoins et des attentes des familles en transition.

### Les lendemains du groupe

Afin de mieux répondre aux besoins des familles, nous offrons aux deux parents une rencontre plus personnalisée pour dresser un bilan de la participation de leur enfant au Groupe. L'enfant est tenu au courant de cette rencontre et donne son accord sur ce qui peut être rapporté aux parents. Certains renseignements restent donc confidentiels afin de respecter les désirs de l'enfant.

Cette rencontre a lieu en présence du médiateur ou de l'expert, si le processus de médiation ou d'expertise est encore en marche. Elle peut aussi se tenir après ce processus.

L'expérience nous confirme le bien-fondé de cet entretien commun, que ce soit pour rassurer les parents sur la santé mentale de leur enfant, les informer de ses besoins, les sensibiliser à sa réalité intérieure ou, s'il y a lieu, leur suggérer une thérapie ou un aide extérieure.

*Lorraine Filion*

# Ressources

▼

## Livres pour les parents

DOLTO, F. *Quand les parents se séparent.* Paris: Seuil, 1988. 152 p.

GUIGUE, A. *À dans quinze jours.* Paris: Bayard, 2000. 140 p.

JAMES, P. *Le divorce par la médiation : comment divorcer à l'amiable.* Montréal: Logiques, 1999. 313 p.

POUSSIN, G. ET MARTIN-LEBRUN E. *Les enfants du divorce : psychologie de la séparation parentale.* Paris: Dunod, 1998. 240 p. (Enfances)

SAINT-YVES, A. *L'essentiel en médiation familiale : une approche psychologique.* Sainte-Foy (Québec): Éditions Saint-Yves, 1999. 115 p.

*Séparation et divorce.* Sainte-Foy (Québec): Gouvernement du Québec, 1998. 63 p. (Les guides de Communication Québec).

WEYBURNE, D. *Nous divorçons, quoi dire à nos enfants.* Montréal: Éditions de l'homme, 2000. 233 p.

## Livres pour enfants et adolescents

DOLTO-TOLITCH, C. *Les parents se séparent.*      2-7 ans
Paris: Gallimard jeunesse, 1999. 10 p. (Giboulées)

DOLTO-TOLITCH, C. *Vivre seul avec papa ou maman.*      2-7 ans
Paris: Gallimard jeunesse, 1996. 10 p. (Giboulées)

GRENIER LAPERRIÈRE, M. *4 histoires pour aider à*      3-7 ans
*redevenir heureux ! après la séparation de papa et maman.*
Montréal: Éducation Coup-de-fil, 1999. 49 p.

COLE, B. *Le dé-mariage.*      4 ans +
Paris: Seuil jeunesse, 1997. 32 p.

DEVOS, L. *Les deux maisons de Désiré Raton.*                  5 ans +
Paris: Grasset jeunesse, 2000. 30 p.

DE SAINT MARS, D. *Léon a deux maisons:*                       6 ans
*un petit livre pour parler de la séparation des parents.*
Paris: Bayard, 1996. 40 p. (Les Petits savoirs)

DE SAINT MARS, D. *Les parents de Zoé divorcent.*             6 ans +
Fribourg: Calligram, 1995. 45 p. (Max et Lili)
(Ainsi va la vie)

BROERE, R. *Tu seras toujours mon papa.*                      6 ans +
Montréal: École active, 1997. 33 p. (Éclats de vie)

DUMONT, V. ET BERNARD S. *La ronde des familles.*             7 ans +
Arles: Actes Sud junior, 1997. 61 p.
(Les Histoires de la vie)

DANZIGER, P. *La série «Les aventures de Lili Graffiti».*     8 ans +
Paris: Gallimard jeunesse, 1998+. 128 p.
(Les aventures de Lili Graffiti)

GERVAIS, J. *Les deux maisons de Dominique.*                  9 ans +
Montréal: Boréal, 1991. 44 p. (Dominique)

SANDERS, P. *Le divorce et la séparation.*                    9 ans +
Montréal: École active, 1998. 32 p. (Mieux comprendre)

PLOURDE, J. *Les fantômes d'Élia.*                            9 ans +
Montréal: La Courte échelle, 1999. 92 p.
(Roman jeunesse)

GARDNER, RICHARD A. *Les enfants et le divorce:*              12 ans +
*un livre pour enfants, avec une introduction pour les parents.*
Sainte-Foy: Éditions Saint-Yves, 1998. 177 p.

CADIER, F. *Les miens aussi divorcent!:*                      12 ans +
*Avant, les disputes. Pendant, les conflits. Et après?...*
Paris: De la Martinière Jeunesse, 1998. 103 p. (Oxygène)

## Sites web

*Comment aider votre enfant dans une situation de divorce ou de séparation?*
Enfance et famille Canada
www.cfc-efc.ca/docs/00000161.htm

*Comment aider nos enfants à s'adapter à la séparation ou au divorce ?*
Réseau canadien de la santé
www.canadian-health-network.ca/faq-faq/relationships relations/7f.html

*Quand la famille se démembre*
Infinit Net - Parents
pages.infinit.net/parents/trucs/t111098.html

*Le rôle des parents après la séparation*
Service à famille du Manitoba
www.gov.mb.ca/fs/programs/brochures/fs0bro06f.html

## Sites web pour les jeunes

*Le divorce : foire aux questions sur la loi et le droit (17 textes)*
Rescol canadien
www.acjnet.org/jeunefaq/divorcfr.html

## Associations ou groupes d'entraide

*Centre de référence du Grand Montréal*
Centre d'écoute et d'orientation selon les besoins exprimés.
    (514) 527-1375

*Centre de ressources familiales du Québec*
Vient en aide aux familles vivant une situation difficile reliée à une séparation ou un divorce.
    (514) 593-6997 ou 1-800-361-8453

*Éducation coup-de-fil*
Service de consultation professionnelle téléphonique gratuit, confidentiel et anonyme. Parents, enfants et adolescents peuvent y avoir recours.
  (514) 525-2573 ou (514) 525-2576

*Repère : relation d'entraide pour une paternité renouvelée*
Service d'aide et de soutien aux pères.
  (514) 332-0089

## Autres suggestions de ressources pour parents, enfants et adolescents

GAGNON, M., JOLIN, L. ET LECOMPTE L.-L. *Guide Info-Parents II : Vivre en famille.* Montréal : Éditions de l'Hôpital Sainte-Justine, 2000. 180 p. (voir aux thèmes suivants : séparation, garde partagée, famille monoparentale, famille recomposée)

# Bibliographie

▼

CÔTÉ, D. *La garde partagée : l'équité en question*. Montréal: Remue-ménage, 2000. 216 p.

DOLTO, F. *Quand les parents se séparent*. Paris: Seuil, 1988. 152 p.

DOLTO-TOLITCH, C. *Les parents se séparent*. Paris: Gallimard Jeunesse, 1999. 10 p. (Giboulées)

DOLTO-TOLITCH, C. *Vivre seul avec papa ou maman*. Paris: Gallimard Jeunesse, 1995. 10 p. (Giboulées)

FRANCKE, L. *Les enfants face au divorce : leurs réactions selon leur âge*. Paris: Laffont, 1986. 251 p. (Réponses)

GARDNER, RA. *Le divorce expliqué aux filles et aux garçons*. Montréal: Presses Sélect, 1978. 157 p.

GARDNER, RA. *The boys and girls book about stepfamilies*. New York: Bantam Books, 1982. 180 p.

GERMAIN, D. *Une deuxième maison pour l'amour, l'histoire d'une famille recomposée*. Montréal: Libre expression, 1989. 141 p.

GUILMAINE, C. *La garde partagée : un heureux compromis*. Montréal: Stanké, 1991. 130 p. (Parcourir)

GYDAL, M. ET DANIELSSON, T. *Les parents d'Isabelle divorcent*. Saint-Lambert: Héritage, 1975. 30 p. (Olivier)

LAPERRIÈRE-GRENIER, M. *4 histoires pour aider à redevenir heureux après la séparation de papa et de maman*. Montréal: Éducation Coup-de-fil, 1999. 49 p.

OLIVIER, C. *Petit livre à l'usage des pères*. Paris: Fayard, 1999. 112 p. (Christiane Olivier écrit pour les parents)

OTIS, R. *La prise de décision concernant la garde d'enfants dans un contexte de séparation.* Eastman (Québec): Behaviora, 2000. 166 p.

*Parce que la vie continue - aider les enfants et les adolescents à vivre la séparation et le divorce: un guide à l'intention des parents.* Ottawa: Santé Canada, 1994. 88 p.

*La promotion de la santé mentale pour les enfants de parents qui se séparent.* Paediatrics & Child Health: Journal de la Société Canadienne de Pédiatrie 2000; 5:237-241.

STANTON, D. *Être père: la belle aventure.* Québec: ministère de la Famille et de l'Enfance, 1999. 12 p.

WALLERSTEIN, J. ET KELLY, J. *Pour dépasser la crise du divorce.* Toulouse: Privat, 1989. 390 p. (Enfances initiation)

collection
PARENTS

L'Hôpital Sainte-Justine, l'un des plus importants hôpitaux pédiatriques d'Amérique du Nord, est le centre hospitalier universitaire (CHU) mère-enfant du réseau québécois de la santé.

## L'allaitement maternel

*Comité pour la promotion de l'allaitement maternel de l'Hôpital Sainte-Justine*
ISBN 2-921858-69-X
1999
96 pages

Le lait maternel est le meilleur aliment pour le bébé. Il permet, de plus, d'établir une relation privilégiée avec lui. Ce livre a pour objectif de répondre à toutes les questions que se posent les mères. Il fournit de très nombreuses indications pratiques et peut aussi être utile à tout professionnel de la santé qui veut se renseigner davantage ou qui désire informer sa clientèle.

## Apprivoiser l'hyperactivité et le déficit de l'attention

*Colette Sauvé*
ISBN 2-921858-86-X
2000
88 pages

Comment gérer le comportement parfois étourdissant de votre enfant pour lequel un diagnostic d'hyperactivité ou de déficit de l'attention a été posé ? L'auteur présente pour chaque groupe d'âge (3-5 ans, 6-12 ans, adolescence) trois parcours : 1) s'informer, comprendre, accepter ce désordre neurologique ; 2) prendre conscience de ses capacités d'éducateur ; 3) mettre en pratique de nouvelles stratégies.

## Au retour de l'école
### La place des parents dans l'apprentissage scolaire

*Marie-Claude Béliveau*
ISBN 2-921858-94-0
2000
176 pages

En plus de proposer aux parents une vision originale de leur rôle d'accompagnateurs, cet ouvrage leur fournit toute une panoplie de moyens pour aider l'enfant à développer des stratégies d'apprentissage efficaces, le soutenir concrètement dans ses devoirs et ses leçons, l'encourager à intégrer dans le quotidien les connaissances et habiletés acquises à l'école et entretenir sa motivation.

## En forme après bébé
### Exercices et conseils

*Chantale Dumoulin*
ISBN 2-921858-79-7
2000
120 pages

Après la naissance de votre enfant, vous avez hâte de retrouver votre forme. Donnez-vous le temps nécessaire pour recouvrer vos forces. Ce guide vous indique des exercices à faire pour renforcer vos muscles abdominaux et ceux du plancher pelvien de même que pour retrouver une bonne posture. Il fournit également des conseils pratiques sur la meilleure façon de reprendre vos activités quotidiennes.

## En forme en attendant bébé
### Exercices et conseils

*Chantale Dumoulin*
ISBN 2-921858-97-5
2001
104 pages

Voici un guide pratique qui contient des informations et des exercices qui vous permettront non seulement de garder votre forme pendant la grossesse, mais également de vous préparer à l'accouchement, à la période postnatale et au retour à la forme physique pré-grossesse. En faisant de l'exercice, vous aurez plus d'énergie et de force et, de cette façon, vous ressentirez moins la fatigue.

## L'enfant malade
### Répercussions et espoirs

*Johanne Boivin,
Sylvain Palardy et
Geneviève Tellier*
ISBN 2-921858-96-7
2000
96 pages

Ce livre s'adresse aux adultes qui vivent la maladie d'un enfant, avec tous les défis et toutes les inquiétudes suscités par cet agresseur imprévisible. Il invite à mieux comprendre l'enfant atteint et la famille qui n'a parfois plus de recours et qui ressent intensément son impuissance. Un livre qui porte aussi l'espoir.

## L'estime de soi, un passeport pour la vie

*Germain Duclos*
ISBN 2-921858-81-9
2000
120 pages

L'estime de soi, le plus précieux héritage que des parents peuvent léguer à un enfant, doit être nourrie dès le plus jeune âge. Dans un langage simple, l'auteur propose des attitudes éducatives positives dont la mise en œuvre permet à l'enfant d'acquérir une meilleure connaissance de sa valeur personnelle. L'estime de soi : un cadeau merveilleux qui constitue un véritable passeport pour la vie !

## Être parent, une affaire de cœur I

*Danielle Laporte*
ISBN 2-921858-74-6
1999
144 pages

Un livre sur les relations entre parents et enfants qui allie de solides connaissances scientifiques à des qualités de cœur. Danielle Laporte aborde avec simplicité et précision des sujets difficiles, voire brûlants (discipline, maladie, conflits conjugaux, séparation, stress, bonheur, etc.). Elle nous laisse aussi en héritage le goût de vivre pleinement le plaisir d'être parent.

## Être parent, une affaire de cœur II

*Danielle Laporte*
ISBN 2-922770-05-2
2000
136 pages

Ce nouvel ouvrage de Danielle Laporte dresse une série de portraits saisissants : l'enfant timide, agressif, solitaire, fugueur, déprimé, etc. L'auteur nous livre aussi des réflexions pleines de sensibilité sur la confiance en soi, l'ami imaginaire, l'intimité et la générosité. Chaque parent est invité à découvrir son enfant et à l'accompagner dans le long périple qui mène à l'autonomie.

## Famille, qu'apportes-tu à l'enfant?

Michel Lemay
ISBN 2-922770-11-7
2001
216 pages

La constitution d'une famille est une prodigieuse aventure; ce livre en fait le récit. Il aborde de plus les fonctions de chaque protagoniste, mère, père, fratrie, grands-parents, collatéraux, sans oublier l'enfant lui-même. Enfin, il étudie les différentes situations familiales qui existent à l'heure actuelle. L'auteur s'adresse au lecteur en tant que parent, mais aussi en tant que psychiatre d'enfants.

## Guide Info-Parents I
### L'enfant en difficulté

Michèle Gagnon, Louise Jolin
et Louis-Luc Lecompte
ISBN 2-921858-70-3
1999
168 pages

Maladie, deuil, peurs inexpliquées, sommeil perturbé, violence à l'école... Pour aider les parents et leurs enfants à apprivoiser ensemble ces difficultés et bien d'autres, voici, présenté sous 60 thèmes, un vaste choix de livres, d'associations et de liens vers des sites Internet. Un outil également indispensable pour les éducateurs, les intervenants du secteur de la santé et les professionnels de la documentation.

## Guide Info-Parents II
### Vivre en famille

Michèle Gagnon, Louise Jolin
et Louis-Luc Lecompte
ISBN 2-922770-02-8
2000
184 pages

Construit comme le *Guide Info-Parents I*, cet ouvrage propose des livres, des associations et des sites Internet concernant la vie de famille: traditionnelle, monoparentale, ou recomposée, séparation ou divorce, enfant doué, enfant adopté, relation avec un adolescent, discipline, conflits frères-sœurs, éducation sexuelle...

## La scoliose
### Se préparer à la chirurgie
*Julie Joncas et collaborateurs*
ISBN 2-921858-85-1
2000
100 pages

Cet ouvrage s'adresse aux adolescents et adolescentes qui doivent subir une chirurgie correctrice pour une scoliose de même qu'à leurs familles. L'auteur (et ses collaborateurs québécois et français) explique en détail, dans un style simple et vivant, en quoi consistent la scoliose et la chirurgie correctrice; il donne également tous les renseignements concernant la préhospitalisation et les périodes per et postopératoire.

## Les parents se séparent
### Pour mieux vivre la crise et aider son enfant
*Richard Cloutier, Lorraine Filion et Harry Timmermans*
ISBN 2-922770-12-5
2001
164 pages

Ce livre s'adresse aux parents qui vivent la crise de la séparation. Le défi est de bien vivre ce bouleversement, de soutenir l'enfant et de trouver une nouvelle forme à la famille, qui soit différente de l'ancienne et qui puisse permettre de continuer d'être parent à part entière. Pour aider les parents en voie de rupture ou déjà séparés à garder le cap sur l'espoir et la recherche de solutions.

## Les troubles d'apprentissage : comprendre et intervenir
*Denise Destrempes-Marquez et Louise Lafleur*
ISBN 2-921858-66-5
1999
128 pages

Les troubles d'apprentissage ne sont pas dus à un déficit de l'intelligence, mais plutôt à des difficultés dans l'acquisition et le traitement de l'information. Peut-on imaginer la frustration de l'enfant et l'inquiétude des parents qui ne savent pas comment intervenir ? Ce guide fournira aux parents des moyens concrets et réalistes pour mieux jouer leur rôle.

**Au-delà de la déficience physique ou intellectuelle**
**Un enfant à découvrir**
*Francine Ferland*
ISBN 2-922770-09-5
2001
232 pages

L'enfant avec une déficience physique, intellectuelle ou sensorielle est avant tout un enfant et ses parents sont d'abord des parents. Comment ne pas laisser la déficience prendre toute la place dans la vie familiale? Comment favoriser le développement de cet enfant et découvrir le plaisir avec lui? Peut-il rester du temps pour penser à soi? Cet ouvrage fait des suggestions simples et concrètes.

**AGMV** Marquis

MEMBRE DU GROUPE SCABRINI

Québec, Canada
2001